Jochen Pusch

Bayerisches Jagd- und Waffenrecht

KOMPAKT

Inhaltsverzeichnis

Teil A: Stichworte 1–100

Teil B: Erläuterungen zu den Stichworten 1–100

Vorwort

Angenommen, die auf rund zwei Millionen Jahre geschätzte Menschheitsgeschichte würde auf 24 Stunden verkürzt, dann verblieben für die Zeit, in der der Mensch nicht ausschließlich von der Jagd lebte, nicht einmal sechs Minuten. Eine beeindruckende Berechnung, die uns deutlich vor Augen führt, welch hohen Stellenwert die Jagd für die Existenz des Menschen eingenommen hat.
Im deutschsprachigen Raum endete die freie Jagd etwa 500 n. Chr. und ist heute umfassend gesetzlich geregelt. Das Jagd- und Waffenrecht ist daher ein zentraler Bestandteil der bayerischen Jägerprüfung. Niemand möchte aus einem angehenden Jungjäger einen Volljuristen machen. Eine solide Kenntnis der wichtigsten Grundbegriffe des Jagd- und Waffenrechts ist aber unabdingbare Voraussetzung zur Erlangung des „grünen Abiturs".
Dabei hat sich in meiner langjährigen Tätigkeit als Dozent in der Jungjägerausbildung das Lernen nach Stichworten als äußerst effektiv, da zeitsparend und einprägsam, erwiesen. Ziel dieses Konzeptes ist, dass dem Prüfling am Ende der Prüfungsvorbereitung zu jedem der nachfolgend in Teil A angeführten 100 Stichworte „etwas einfallen sollte", ohne Lektüre der Erläuterungen in Teil B.
Während der Lernphase kann zu jedem Stichwort auf die jeweiligen Ausführungen in Teil B zurückgegriffen werden. Hier sind hinter dem Stichwort in Klammern jeweils die Fundstellen in den betreffenden Gesetzen und Verordnungen genannt, gefolgt von prüfungsrelevanten Kommentierungen, die eine zielführende Orientierung im Jagd- und Waffenrecht gewährleisten.

Für Ihre Jägerprüfung wünsche ich Ihnen viel Erfolg!

Jochen Pusch

Abkürzungsverzeichnis

AAV	Artenschutzrechtliche Ausnahmeverordnung
ANL	Akademie für Naturschutz und Landschaftspflege
AtG	Atomgesetz
AVBayJG	Verordnung zur Ausführung des BayJG
AWaffV	Allgemeine Waffengesetz-Verordnung
BArtSchV	Bundesartenschutzverordnung
BayFiG	Bayerisches Fischereigesetz
BayJG	Bayerisches Jagdgesetz
BayNatSchG	Bayerisches Naturschutzgesetz
BayNat2000V	Bayerische Natura 2000-Verordnung
BayStrWG	Bayerisches Straßen- und Wegegesetz
BayWaldG	Bayerisches Waldgesetz
BeschG	Beschussgesetz
BeschussV	Beschussverordnung
BGB	Bürgerliches Gesetzbuch
BJG	Bundesjagdgesetz
BJV	Bayerischer Jagdverband e. V.
BNatSchG	Bundesnaturschutzgesetz
BPO	Brauchbarkeitsprüfungsordnung
BWaldG	Bundeswaldgesetz
BWildSchV	Bundeswildschutzverordnung
BV	Verfassung des Freistaates Bayern
CITES	Convention on International Trade in Endangered Spezies of Wild Fauna and Flora (Washingtoner Artenschutzübereinkommen)
EBO	Eisenbahnbau- und Betriebsordnung
EFWP	Europäischer Feuerwaffenpass
FFH-Richtlinie	Flora-Fauna-Habitat-Richtlinie
FStrG	Bundesfernstraßengesetz
FTG	Feiertagsgesetz
GG	Grundgesetz
HRL	Richtlinien für die Hege und Bejagung des Schalenwildes in Bayern
IfSG	Infektionsschutzgesetz

IUCN	International Union for Conservation of Nature and Natural Resources (Weltnaturschutzunion)
JagdzeitV	Verordnung über die Jagdzeiten
JFPO	Jäger- und Falknerprüfungsordnung
KWKG	Gesetz über die Kontrolle von Kriegswaffen
LBG	Landwirtschaftliche Berufsgenossenschaft
LFBG	Lebensmittel- und Futtermittelgesetzbuch
LfU Bayern	Bayerisches Landesamt für Umwelt
LMHV	Lebensmittelhygiene-Verordnung
NWR	Nationales Waffenregister
NWRG	Nationales-Waffenregister-Gesetz
NWRG-DV	NWRG-Durchführungsverordnung
OWiG	Ordnungswidrigkeitengesetz
StGB	Strafgesetzbuch
StPO	Strafprozessordnung
StVO	Straßenverkehrsordnung
SVLFG	Sozialversicherung für Landwirtschaft, Forsten und Gartenbau
Tier-LMHV	Tierische-Lebensmittel-Hygieneverordnung
Tier-LMÜV	Tierische Lebensmittel-Überwachungsverordnung
TierSchG	Tierschutzgesetz
TierSchHuV	Tierschutz-Hundeverordnung
UVV Jagd	Unfallverhütungsvorschrift Jagd (VSG 4.4)
VSG	Vorschriften für Sicherheit und Gesundheitsschutz
VS-Richtlinie	EU-Vogelschutzrichtlinie
WaffG	Waffengesetz
WaffVwV	Allgemeine Verwaltungsvorschrift zum WaffG
WBK	Waffenbesitzkarte

Die jeweiligen Gesetzestexte werden mit Paragrafen (§§) oder Artikeln (Art.) bezeichnet, die sich aus Absätzen (römische Ziffern) und diese wiederum aus einzelnen Sätzen (arabische Ziffern) zusammensetzen.

Beispiele:

- *§ 11 III 2 BJG bedeutet: Paragraf 11, Absatz 3, Satz 2 des Bundesjagdgesetzes.*
- *Art. 6 II 4 BayJG bedeutet: Artikel 6, Absatz 2, Satz 4 des Bayerischen Jagdgesetzes.*

Einleitung

Was ist unter den Begriffen Jagd- und Waffenrecht zu verstehen?
Unterschieden wird zwischen objektivem und subjektivem Jagdrecht. Das objektive Jagdrecht wird wiederum eingeteilt in Jagdrecht im engeren und weiteren Sinn.

Unter objektivem Jagdrecht im engeren Sinn werden alle Rechtsvorschriften zusammengefasst, die unmittelbar und ausschließlich die Jagd betreffen. Dies sind die Jagdgesetze des Bundes (BJG) und der Länder (in Bayern: BayJG) sowie die dazu gehörigen Rechtsverordnungen, Satzungen, Verwaltungsvorschriften und sonstigen Bestimmungen (z. B. Verordnung zur Ausführung des Bayerischen Jagdgesetzes, Verordnung über die Jagdzeiten, Hegerichtlinien).

Objektives Jagdrecht im weiteren Sinn sind sämtliche darüber hinaus (auch) die Jagd berührenden Rechtsvorschriften. Hierzu zählt beispielsweise das Grundgesetz, das Waffen-, Tierschutz-, Naturschutz-, Artenschutz-, Lebensmittel-, Verwaltungs-, Straf-, Ordnungswidrigkeiten- und Zivilrecht, Bestimmungen aus internationalen Verträgen sowie EU-Recht.

Unter Jagdrecht im subjektiven Sinne versteht man die sich aus dem objektiven Recht für den einzelnen ergebenden Rechte und Pflichten, wie etwa das Recht zur Jagdausübung und die Pflicht zur Hege (§ 1 I BJG, → Stichwort 1).

Das Waffenrecht regelt den Umgang mit Waffen und Munition unter Berücksichtigung der Belange der öffentlichen Sicherheit und Ordnung und reglementiert die Erlaubnisse und Ausnahmen für bestimmte Personengruppen wie Jäger.

> **Achtung:** *Die Lektüre der zitierten Gesetzes- und Verordnungstexte ist für eine zielführende Prüfungsvorbereitung unerlässlich und wird in den nachfolgenden Ausführungen vorausgesetzt. Das Bundesministerium der Justiz und für Verbraucherschutz und das Bundesamt für Justiz sowie die Bayerische Staatskanzlei stellen nahezu das gesamte aktuelle Bundesrecht und das bayerische Landesrecht kostenlos im Internet unter www.gesetze-im-internet.de sowie www.gesetze-bayern.de zur Verfügung.*

Teil A: Stichworte 1–100

Die Pfeile hinter den Stichworten verweisen auf die Seiten in Teil B mit den jeweiligen Erläuterungen.

I. Jagdrecht im engeren Sinn 1–45

Bundesjagdgesetz, Verordnung über die Jagdzeiten, Bayerisches Jagdgesetz, Verordnung zur Ausführung des Bayerischen Jagdgesetzes, Richtlinien für die Hege und Bejagung des Schalenwildes in Bayern, Bundeswildschutzverordnung, Artenschutzrechtliche Ausnahmeverordnung, Verordnung über die Jäger- und Falknerprüfung

1. Jagdrecht → Seite 18
(Definition subjektives und objektives Jagdrecht, objektives Jagdrecht im engeren und weiteren Sinn)

2. Revier- und Lizenzsystem → Seite 19
(Definition, Vor- und Nachteile)

3. Hegeziel → Seite 19
(Wildschadenvermeidung, Hegegrenzen)

4. Weidgerechtigkeit → Seite 20
(Fairness, Beispiele)

5. Jagdausübung → Seite 20

6. Aneignungsrecht → Seite 21
(Gegenstand, Inbesitznahme, Zueignungsabsicht, gewildertes Wild, keine Aneignungspflicht, Unfallwild)

7. Wild → Seite 22

8. Herrenlos → Seite 22

9. Verendetes Wild und Fallwild → Seite 22
(Definition, Beispiele, Wildbret)

10. Tierarten, die dem Jagdrecht unterliegen → Seite 23
(Haar- und Federwild, Raubwild, Raubzeug, Greifen)

II. Tierschutzrecht 46–60

Grundgesetz, Verfassung des Freistaates Bayern 46

46. Tierschutz als Staatsziel → Seite 107

Bürgerliches Gesetzbuch 47

47. Tiere sind keine Sachen → Seite 107

Tierschutzgesetz 48–52

48. Zweck des Tierschutzgesetzes → Seite 108
(keine Schmerzen, Leiden oder Schäden, *Ausnahme:* vernünftiger Grund)

49. Töten von Wirbeltieren → Seite 108
(Kenntnisse und Fähigkeiten, Jägerprüfung, Betäubung, *Ausnahme:* weidgerechte Jagdausübung)

50. Amputation, Kupieren → Seite 109
(Verbot, Jagdhunde, Tierarzt, Betäubung, Tätowierung, Mikrochip)

51. Verbote → Seite 109
(Beispiele, Parforcejagd, Müller-Ente)

52. Straftaten, Ordnungswidrigkeiten, Verbot der Tierhaltung → Seite 110

Tierschutz-Hundeverordnung 53–60

53. Anwendungsbereich → Seite 111

54. Allgemeine Anforderungen an die Hundehaltung → Seite 111
(Umgang, Auslauf)

55. Trennung Welpe-Muttertier → Seite 112

56. Hundehaltung im Freien → Seite 112
(Schutzhütte, Liegeplatz)

57. Hundehaltung in Räumen → Seite 112
(Tageslicht, Frischluftzufuhr, Mindestbodenfläche, Schutzhütte, Liegeplatz)

58. Zwingerhaltung → Seite 113
(nicht angebunden, Mindestzwingerfläche, Widerristhöhe)

59. Anbindehaltung → Seite 113
(Laufvorrichtung, Schutzhütte, Verbote)

60. Ordnungswidrigkeiten → Seite 114

III. Naturschutz-, Artenschutz- und Landschaftspflegerecht 61–74

Grundgesetz, Verfassung des Freistaates Bayern 61

61. Umweltschutz als Staatsziel, Grundrecht auf Genuss der Natur → Seite 115

Bundesnaturschutzgesetz, Bundesartenschutzverordnung, Bayerisches Naturschutzgesetz 62–70

62. Umweltschutz, Ökologie, Naturschutz, Landschaftspflege, Artenschutz, Biotopschutz → Seite 116

63. Schutzgebiete → Seite 117
(Naturschutzgebiete, Nationale Naturmonumente, Nationalparke, Landschaftsschutzgebiete, Naturparke, Naturdenkmale, geschützte Landschaftsbestandteile, Biosphärenreservate, Natura 2000, FFH- und VS-Richtlinie)

64. Besonderer, strenger und allgemeiner Artenschutz → Seite 120
(Definition, Beispiele, Zugriffs-, Besitz-, Vermarktungs-, Störungsverbote, Schnittverbote Gehölze)

65. Rote Listen → Seite 122

66. Invasive Arten → Seite 122
(Definition, Unionsliste, Beispiele)

67. Bayerische Naturschutzbehörden, Naturschutzbeiräte → Seite 123

68. Bayerische Naturschutzwacht → Seite 123
(Definition, Aufgaben, Befugnisse, Legitimation)

69. Bayerisches Landesamt für Umwelt und Akademie für Naturschutz und Landschaftspflege → Seite 124

70. Straftaten und Ordnungswidrigkeiten → Seite 124

Bundeswaldgesetz, Bayerisches Waldgesetz 71–74

71. Gesetzeszweck → Seite 125
(Nutz-, Schutz-, Erholungsfunktion, Rodungsgenehmigung, Erstaufforstung, Wiederaufforstungsverpflichtung, Forstwirtschaft, Interessenausgleich)

IV. Lebensmittelrecht 75–81

VO (EG) 178/2002, 852 und 853/2004, 2017/625, DVO (EU) 2015/1375, Lebensmittel- und Futtermittelgesetzbuch, Lebensmittelhygiene-Verordnung, Tierische Lebensmittel-Hygieneverordnung, Tierische Lebensmittel-Überwachungsverordnung

V. Waffenrecht 82–91

Waffengesetz, Allgemeine Waffengesetz-Verordnung, Allgemeine Verwaltungsvorschrift zum Waffengesetz, Beschussgesetz, Beschussverordnung, Kriegswaffenkontrollgesetz

82. Rechtsgrundlagen des Waffenrechts → Seite 137

83. Waffenrechtliche Begriffsdefinitionen → Seite 138
(Waffen, Schusswaffen und wesentliche Teile, gleichgestellte und tragbare Gegenstände, Schalldämpfer, Anscheinswaffen, Hieb- und Stoßwaffen, Messer, Halb- und Vollautomaten, Double-Action Revolver, Repetierwaffen, Einzellader, Lang- und Kurzwaffen, Austausch-, Wechsel- und Einsteckläufe, Nachtsicht- und Nachtzielgeräte, Erwerben, Besitzen, Überlassen, Mitnehmen, Führen, Transportieren, Waffenschein, Schießerlaubnis, Munition, Munitionserwerbschein, Kleiner Waffenschein, schussbereit, geladen, zugriffsbereit)

84. Umgang mit Waffen und Munition → Seite 141
(Definition, verbotene und erlaubnispflichtige Waffen und Munition, Waffenliste, KWKG, Kriegswaffenliste, Nachtsicht- und Nachtzielgeräte, Leuchtabsehen, *Erlaubnisvoraussetzungen:* Alter, Zuverlässigkeit, Eignung, Bedürfnis, Haftpflichtversicherung)

85. Erwerb, Besitz und Überlassen von Jagdlangwaffen, Jagdkurzwaffen und Jagdmunition → Seite 147
(Überlasser- und Erwerberpflichten, dauerhaftes und vorübergehendes Überlassen und Erwerben, Legitimationsnachweis, Voreintrag, Waffenausleihe und -verkauf, Fristen, Erbfall)

86. Führen von und Schießen mit Jagdwaffen → Seite 149
(Erlaubnisfreies und -pflichtiges Führen und Schießen, mitgeführte Munition, Kleiner Waffenschein)

87. Aufbewahrung von Jagdwaffen und -munition → Seite 150
(Zugriffsverhinderung, ungeladen, Behältnisse und Sicherheitsnormen, Nachweispflicht, häusliche Gemeinschaft, vorübergehende Aufbewahrung, nicht dauernd bewohnte Gebäude)

VI. Unfallverhütungsrecht 92–97

Unfallverhütungsvorschrift Jagd (VSG 4.4) mit Durchführungsanweisungen

VII. Jedermannsrechte 98–100

Strafgesetzbuch, Ordnungswidrigkeitengesetz, Strafprozessordnung, Bürgerliches Gesetzbuch

98. Notwehr → Seite 158
(Rechtfertigungsgrund, Notwehrlage, erforderliche Verteidigungshandlung, Nothilfe, Putativnotwehr, Notwehrexzess, Rechtsfolgen)

99. Notstand → Seite 159
(Rechtfertigender und entschuldigender, aggressiver und defensiver Notstand, Voraussetzungen, Rechtsfolgen)

100. Vorläufige Festnahme → Seite 161
(Straftat, Fluchtverdacht oder Identität nicht feststellbar, keine Durchsuchungserlaubnis, aber Zwangsanwendung)

Teil B: Erläuterungen zu den Stichworten 1–100

I. Jagdrecht im engeren Sinn 1–45

Bundesjagdgesetz, Verordnung über die Jagdzeiten, Bayerisches Jagdgesetz, Verordnung zur Ausführung des Bayerischen Jagdgesetzes, Richtlinien für die Hege und Bejagung des Schalenwildes in Bayern, Bundeswildschutzverordnung, Artenschutzrechtliche Ausnahmeverordnung, Verordnung über die Jäger- und Falknerprüfung

1

Jagdrecht

(§ 1 I BJG)

Die Erklärung des Begriffes „Jagdrecht" (siehe Einleitung) ist Gegenstand nahezu jeder Jägerprüfung. Ihm sollte daher in der Prüfungsvorbereitung ein besonderes Augenmerk gewidmet werden. § 1 I BJG beinhaltet die Definition des subjektiven Jagdrechts. Da es hier auf jedes Wort ankommt, bietet es sich an, die folgenden Sätze auswendig zu lernen:
„Das Jagdrecht ist die ausschließliche Befugnis, auf einem bestimmten Gebiet wild lebende Tiere, die dem Jagdrecht unterliegen (Wild), zu hegen, auf sie die Jagd auszuüben und sie sich anzueignen. Mit dem Jagdrecht ist die Pflicht zur Hege verbunden."
Mit „ausschließlich" ist dabei gemeint, dass nur dem Inhaber des Jagdrechts (→ Stichwort 14) die genannten Befugnisse zustehen. „Auf einem bestimmten Gebiet" definiert das Reviersystem (→ Stichwort 2). „Wild lebende Tiere, die dem Jagdrecht unterliegen" ist die gesetzliche Definition von Wild (→ Stichwort 7). Schließlich hat der Jagdrechtsinhaber drei Rechte, nämlich das Hege-, Jagd- und Aneignungsrecht. Dem steht eine Pflicht, nämlich zu hegen, gegenüber.

2

Revier- und Lizenzsystem

(§§ 1 I, 3 III BJG)

In Deutschland besteht das Reviersystem. Dies bedeutet, dass die Jagd nur in bestimmten Jagdbezirken ausgeübt werden darf (Reviere). Das Gesetz unterscheidet zwischen Eigenjagdbezirken und gemeinschaftlichen Jagdbezirken. Praktisch die gesamte Fläche der Bundesrepublik Deutschland ist in einzelne Jagdbezirke eingeteilt. Über dieses Reviersystem mit seinen Mindestpachtzeiten und der Hegepflicht schafft das Jagdrecht eine persönliche Verantwortung der Jagdgenossen und Jäger und begründet ihre örtliche Zuständigkeit. Der entscheidende Vorteil des Reviersystems ist also ein gesteigertes Verantwortungsbewusstsein des Jagdausübungsberechtigten für „sein" Revier. In dem geltenden Lizenz- oder Patentsystem vieler anderer Staaten (USA, Kanada, Skandinavien, diverse Kantone in der Schweiz etc.) fehlt eine solche Bindung. Das Jagdrecht steht dem Staat zu. Durch den Kauf einer Lizenz erhält der Jäger das Recht, auf bestimmten Flächen jagen zu dürfen. Eine Verpflichtung zur Hege fehlt und damit auch ein System von „Geben und Nehmen".

3

Hegeziel

(§ 1 II BJG)

Ziel der Hege ist ein möglichst gesunder und artenreicher Wildbestand mit den dafür notwendigen Voraussetzungen, möglichst ohne dass dadurch Nachteile für andere entstehen. Deshalb sind Beeinträchtigungen der Land-, Forst- und Fischereiwirtschaft möglichst zu vermeiden. Gewisse Beeinträchtigungen lassen sich aber geradezu selbstverständlich nicht vermeiden; deshalb die gesetzliche Einschränkung durch den Begriff „möglichst".

Besonderes Augenmerk hat der Gesetzgeber hier auf die Verpflichtung zur Vermeidung von Wildschäden und damit auf die Sicherung der Lebensgrundlagen des Wildes gelegt, beispielsweise durch die Anlage von Biotopen;

eine für den Jagdausübungsberechtigten durchaus anspruchsvolle, aber grundlegende Aufgabe.
Schließlich muss der Wildbestand den landschaftlichen und landeskulturellen Verhältnissen angepasst sein, sodass eine Überhege bestimmter Tierarten ausscheidet (Hegegrenze) und insbesondere auch auf Tiere und Pflanzen, die dem Naturschutzrecht unterliegen, Rücksicht zu nehmen ist.

4

Weidgerechtigkeit

(§ 1 III BJG)

Unter diesem Oberbegriff wird das Fairness- und Rücksichtnahmegebot gegenüber den am Jagdgeschehen im weitesten Sinn beteiligten Personen und Tieren (Jäger, Treiber, Nachbarrevierinhaber, Wild, Hund etc.) verstanden. In zahlreichen gesetzlichen Regelungen wird dieser Grundsatz der deutschen Weidgerechtigkeit konkretisiert. Beispiele hierfür sind Vorgaben in der Unfallverhütungsvorschrift Jagd ebenso wie tierschutzrechtliche Bestimmungen. Aber auch ungeschriebene Gesetze gilt es in diesem Zusammenhang zu beachten, sodass der Jäger aufgerufen ist, sein Handeln auch jenseits der Gesetzestexte stets am Begriff der Weidgerechtigkeit auszurichten. Das Niederknüppeln von Kaninchen oder das Beschießen eines Hasen in der Sasse sind daher ebenso wenig weidgerecht wie die Jagd bei Hochwasser. Ein schnelles und möglichst schmerzfreies Töten des Wildes im Rahmen der Erfordernisse der Bestandsregulierung ist oberstes Gebot des weidgerechten Jagens.

5

Jagdausübung

(§ 1 IV BJG)

Die klassische Prüfungsfrage, was man unter Jagdausübung versteht, wird allzu häufig unterschätzt. Die Prüflinge ringen bei dieser vermeintlich simplen Frage bisweilen schwerfällig um eine zutreffende Antwort. Also am besten die vier Begriffe, die die Jagdausübung definieren, nämlich das Aufsuchen, Nachstellen, Erlegen und Fangen von Wild, einprägen!

6

Aneignungsrecht

(§ 1 V BJG)

Das Aneignungsrecht von Wild steht dem Jagdausübungsberechtigten zu und umfasst auch die Befugnis, sich krankes oder verendetes Wild, Fallwild und Abwurfstangen sowie die Eier von Federwild anzueignen. Auch bedeutet in diesem Zusammenhang, dass diese Aufzählung nicht vollständig ist und sich das Aneignungsrecht darüber hinaus auf lebendes Wild (Fangen von Wild) erstreckt. Eigentum an Wild erwirbt der Jagdausübungsberechtigte nicht bereits mit dem Schuss (Erlegen), sondern erst, wenn er die tatsächliche Gewalt darüber erlangt. Dies ist erst dann der Fall, wenn er vom Wild, auch durch seinen Jagdhund, Besitz ergriffen hat in der Absicht der Zueignung. Personen, die vom Jagdausübungsberechtigten die Erlaubnis zur Jagdausübung haben, erwerben für ihn das Eigentum. Das Aneignungsrecht erstreckt sich auch auf gewildertes Wild. Der Wilderer, der Wild in Besitz nimmt, erwirbt hieran kein Eigentum, da damit das Aneignungsrecht des Jagdrechtsinhabers als dessen ausschließliche Befugnis nach § 1 I BJG verletzt würde (§ 958 II BGB). Das Aneignungsrecht stellt lediglich eine Befugnis dar, sodass grundsätzlich keine Aneignungspflicht besteht. Der Jagdausübungsberechtigte ist also unter keinem rechtlichen Gesichtspunkt zur Aneignung verunfallten Wildes verpflichtet. Wenn der Jagdausübungsberechtigte bei einem entsprechenden Anruf durch die Polizei betreffend eines verunfallten Stückes deutlich macht, kein Interesse an einer Aneignung zu haben, bestehen für ihn keine weiteren Verantwortlichkeiten und Pflichten mit Ausnahme des Erlegens verletzten Wildes aus Tierschutzgründen. Für eine Beseitigung toten Wildes aus dem öffentlichen Straßenraum ist grundsätzlich der Straßenbaulastträger zuständig. Ein „Beseitigungsservice" der Jägerschaft beruht also ausschließlich auf freiwilliger Basis.

7

Wild

(§ 1 I BJG)

Wild ist eine Sammelbezeichnung für alle wild lebenden Tiere, die dem Jagdrecht unterliegen (jagdbare Tiere, → Stichwort 10). Die übrigen frei lebenden Tiere unterliegen überwiegend dem Naturschutzrecht, die Fische dem Fischereirecht.

8

Herrenlos

(§ 960 BGB)

Alle frei lebenden Tiere, egal ob jagdbar oder nicht, sind nach § 960 BGB herrenlos. Tiere sind herrenlos, wenn sie niemals einen Eigentümer hatten oder dieser sein Eigentum aufgegeben hat (Dereliktion).

9

Verendetes Wild und Fallwild

(§ 1 IV BJG)

Wild verendet, wenn es infolge von Verletzungen aufgrund akuter äußerer Gewalteinwirkung ums Leben kommt, insbesondere durch Schusswirkung (Erlegen), durch Beutegreifer, bei innerartlichen Kämpfen, durch Unfälle (z. B. im Straßenverkehr), durch Absturz, Steinschlag, Anprallen an Hindernisse, Reißen durch Hund und dergleichen. Geht Wild aus natürlichen Ursachen ohne äußere Gewalteinwirkung (Altersschwäche, Krankheit, Futternot etc.) zugrunde, so fällt es (Fallwild) bzw. es geht ein. Das Wildbret von verendetem Wild, das nicht erlegt, also nach jagdrechtlichen Vorschriften getötet wurde, und Fallwild ist als Lebensmittel für den Menschen untauglich; ein Inverkehrbringen ist strafbar (siehe auch → Stichwort 76).

10

Tierarten, die dem Jagdrecht unterliegen

(§ 2 I, II BJG, Art. 33 I Nr. 1 BayJG, § 18 AVBayJG)

Welche Tiere (als Wild) Gegenstände der Jagd sind, also dem Jagdrecht unterliegen, ist in § 2 des Bundesjagdgesetzes geregelt. Dabei handelt es sich ausschließlich um Säugetiere (Haarwild) und Vögel (Federwild). Die Länder können weitere Tierarten bestimmen, die darüber hinaus dem Jagdrecht unterliegen. Von dieser Befugnis hat Bayern Gebrauch gemacht. Demnach zählen in Bayern zusätzlich Waschbär, Marderhund und Sumpfbiber (Nutria) sowie Eichelhäher, Elster, Rabenkrähe und die Nilgans zum Wild.
Zum leichteren Erlernen der einzelnen dem Jagdrecht unterliegenden Haarwildarten hat sich folgende Strukturierung bewährt:

Tabelle 1 Tierarten, die dem Jagdrecht unterliegen

Zoologische Ordnung	Tierarten
Paarhufer (Schalenwild)	Wisente, Elch-, Rot-, Dam-, Sika-, Reh-, Gams-, Stein-, Muffel- und Schwarzwild
Hasentiere	Feld- und Schneehase, Wildkaninchen
Nagetiere	Murmeltier, Sumpfbiber (Nutria)
Raubtiere	Wildkatze, Luchs (Katzenartige) Fuchs, Marderhund (Hundeartige) Steinmarder, Baummarder (Echte Marder) Iltis, Hermelin, Mauswiesel (Stinkmarder) Dachs, Fischotter (Marder) Seehund (Robben) Waschbär (Kleinbären)

Zum Federwild gehören Rebhuhn, Fasan, Wachtel, Auerwild, Birkwild, Rackelwild, Haselwild, Alpenschneehuhn, Wildtruthuhn, Wildtauben, Höckerschwan, Wildgänse, Wildenten, Säger, Waldschnepfe, Blässhuhn, Möwen, Haubentaucher, Großtrappe, Graureiher, Greifen, Falken, Kolkrabe, Eichelhäher, Elster und Rabenkrähe.
Beim Federwild gilt es zu beachten, dass unter Greifen in § 2 I BJG ausschließlich die heimischen, am Tag aktiven Greifvögel („heimische Taggreifvögel“, vgl. Anlage 4 zur BWildSchV) zu verstehen sind, also nicht die Greifvögel, die nachtaktiv sind („Nachtgreifvögel“ wie Eulen, Käuze) und am Tag aktive Greifvögel aus anderen Regionen (nicht heimische Taggreifvögel, wie z. B. Rabengeier).
Wild, das anderes, zum menschlichen Verzehr geeignetes, Wild (Nutzwild), raubt, also fängt und tötet, um zu leben, wird als Raubwild bezeichnet. Zum Raubzeug zählt man dagegen herrenlose wilde Tiere, die dem Wild als Beutegreifer oder zumindest als Nesträuber gefährlich werden können, selbst aber nicht dem Jagdrecht unterliegen. Sofern sie nicht nach dem Naturschutzrecht besonderen Schutz genießen, dürfen sie im Rahmen des Jagdschutzes (→ Stichwort 37) getötet werden. Hierzu gehören in erster Linie die Wanderratte und der amerikanische Nerz (Mink).
Wildernde Hunde und Katzen gehören als Haustiere zwar nicht zum Raubzeug, unterliegen aber dennoch ausdrücklich dem Jagdschutz (→ Stichwort 37). Der Begriff Raubzeug wurde 1976 aus dem BJG als verketzernder und auch unnötiger Ausdruck gestrichen.

11

Schalenwild

(§ 2 III BJG)

Zum Schalenwild gehört alles Wild, das auf Schalen zieht. Die zum Schalenwild gehörenden Tierarten sind in § 2 III BJG abschließend aufgeführt. Es handelt sich dabei um eine Gruppe von Tieren, die sich nur auf zwei Zehen vorwärts bewegt, die sog. Spitzengänger. Diese beiden Zehen sind mit Horn, den Schalen, überzogen. Da sie paarweise angeordnet sind, werden diese Tiere auch als Paarhufer bezeichnet. Die dem Jagdrecht unterliegenden

Tierarten aus der zoologischen Ordnung der Paarhufer werden unterteilt in die Unterordnungen der Wiederkäuer und der Nichtwiederkäuer. Zu den Nichtwiederkäuern gehört bei uns nur das Schwarzwild. Des Weiteren wird unterschieden zwischen den Familien der Hirschartigen (Geweihträger, Cerviden: Elch-, Rot-, Dam-, Sika- und Rehwild), der Rinderartigen (Hornträger, Boviden: Wisente, Gams-, Stein- und Muffelwild) sowie der Schweine (Suiden: Schwarzwild).

12

Hochwild und Niederwild

(§ 2 IV BJG)

Mit Ausnahme des Rehwildes zählt das gesamte Schalenwild zum Hochwild; darüber hinaus Auerwild, Stein- und Seeadler. Alles übrige Wild gehört zum Niederwild.
Schalenwild wird soziobiologisch bejagt. Der stärkste jagdliche Eingriff erfolgt beim Jungwild. Das mittelalte, ausreifende Hauptwild ist zu schonen. Das reife Altwild wird vor dem Greisenalter erlegt.
Es war Karl der Große (ca. 747–814 n. Chr.), der die hochherrschaftliche Jagd zu besonderer Blüte führte. In diese Zeit fällt auch der Beginn der in den nachfolgenden Jahrhunderten immer wieder veränderten Unterteilung des Wildes in Hochwild und Niederwild. Das Hochwild, zu dem anfangs nur Rot- und Schwarzwild, später auch Muffel-, Gams- und Steinwild, zeitweise auch der Fasan sowie Auer- und Birkwild zählten, durfte nur von den hohen Herren bejagt werden. Dem niederen Volk blieb die Jagd auf Rehwild, Feldhase, Wildkaninchen sowie verschiedenes Federwild (Niederwild). Der unberechtigte Abschuss oder Fang von Hochwild durch die Untertanen wurde als Wilderei hart bestraft.
Noch zu Lebzeiten Karl des Großen entwickelte sich in Frankreich und England die Parforcejagd, eine Hetzjagd, bei der ausschließlich zu Pferde und mit Hundemeute stets nur einem Wildtier nachgestellt wurde. War es erschöpft, wurde es mit Schwert oder Speer (Saufeder) getötet. Die Jagd zu Fuß, die Pirsch, war in diesen Ländern verpönt.

13

Hochwildrevier

(§ 8 AVBayJG, Art. 14 II 1 BayJG)

Heutzutage ist die Unterscheidung in Hoch- und Niederwild nur noch bei der Beurteilung, ob ein Hoch- oder Niederwildrevier mit in Bayern unterschiedlichen Mindestpachtzeiten (→ Stichwort 23) vorliegt, von Bedeutung. Hierdurch soll den biologischen Eigenarten des Wildes Rechnung getragen werden. Als Hochwildrevier ist danach im Wesentlichen ein Jagdrevier anzusehen, in dem zum Hochwild zählendes Schalenwild, außer Schwarzwild, im Gegensatz zum sog. Wechselwild, seinen Einstand hat und regelmäßig erlegt wird. Das Vorkommen von zum Hochwild zählendem Federwild (Auerwild, Stein- oder Seeadler, → Stichwort 12) begründet mithin kein Hochwildrevier, ebenso wenig die Tatsache, dass ein Revier in einem Rotwildgebiet liegt, sofern Rotwild nicht regelmäßig zum Abschuss kommt.

14

Inhaber des Jagdrechts

(§ 3 I BJG)

Von alters her galt für jedermann das Recht des freien Tierfanges. Es herrschte Jagdfreiheit. Im deutschsprachigen Raum, in dem die Jagdgeschichte umfassend dokumentiert ist, wird das Ende der freien Jagd auf etwa 500 n. Chr. festgelegt. Seit der deutschen Revolution von 1848/1849 ist das Jagdrecht untrennbar mit Grund und Boden verbunden. Dies bedeutete das Ende der feudalen Jagd, nämlich das Jagdrecht des Landesherrn auf fremdem Grund und Boden (Jagdregal). Dementsprechend steht auch gemäß § 3 BJG das Jagdrecht dem Eigentümer auf seinem Grund und Boden zu und ist untrennbar mit diesem Eigentum verbunden.

15

Jagdausübungsrecht und -pflicht

(§§ 3 II, 7 IV, 10 BJG, Art. 7 BayJG)

Das Bundesjagdgesetz sowie das Bayerische Jagdgesetz haben das Recht zur Ausübung der Jagd an eine gewisse Mindestgröße des Grundeigentums gekoppelt.

Ist ein und dieselbe Person oder Personengemeinschaft (z. B. Miteigentümer, Erbengemeinschaft) Eigentümer einer entsprechend großen Grundfläche, verbleiben Jagdrecht und Jagdausübungsrecht in der Hand dieses Eigentümers (Eigenjagdrevier, → Stichwort 16). Bei einem Eigenjagdrevier ist also nicht nur das Jagdrecht, sondern auch das Jagdausübungsrecht unmittelbar mit dem Grund und Boden verknüpft. Eigenjagdbesitzer können sowohl natürliche als auch juristische Personen (z. B. Bund, Freistaat Bayern, Gemeinden, OHG, KG, AG, GmbH) sein.

Kleinere Grundflächen werden einem gemeinschaftlichen Jagdrevier (→ Stichwort 16) zugeordnet. Das Jagdausübungsrecht wird dabei vom fortbestehenden Jagdrecht des Grundeigentümers abgetrennt und von Gesetzes wegen auf eine Jagdgenossenschaft (→ Stichwort 27) übergeleitet, der der Grundeigentümer als Zwangsmitglied angehört. Die Jagdgenossenschaft nutzt das Jagdausübungsrecht an den Flächen des gemeinschaftlichen Jagdbezirks in der Regel durch Verpachtung. Die praktische Bedeutung des Jagdrechtes des Grundeigentümers beschränkt sich in diesen Fällen auf das Mitgliedschaftsrecht in der Jagdgenossenschaft und dem damit einhergehenden Anspruch auf Auskehrung des anteiligen Reinertrages aus der Nutzung des Jagdausübungsrechtes.

Den Grund für diese rechtstheoretische Besonderheit, die auf den ersten Blick seltsam anmuten mag, liegt in der Geschichte. Als in Deutschland das Jagdrecht an das Eigentum von Grund und Boden angebunden und von den Rechten des Adels abgekoppelt wurde, gab es bald fast kein Nutzwild mehr, während das sog. Schadwild, zu dem in erster Linie Bären, Wölfe und Luchse zählten, vom Jäger in Mitteleuropa ebenfalls nahezu ausgerottet wurde. Jeder erjagte auf seinem Acker, was er erwischen konnte. Dieser Zustand wurde erst beendet, als für das Recht zur Jagdausübung eine bestimmte

Größe des Grundeigentums vorgeschrieben wurde. Dies war die Geburtsstunde der Jagdgenossenschaften und der Jagdpachten.
Im Gegenzug besteht für den Jagdausübungsberechtigten eine gesetzliche Verpflichtung zur Ausübung des Jagdrechts einschließlich des Jagdschutzes (Art. 7 I BayJG).
Auf Flächen, auf denen kein Eigentum begründet ist, steht das Jagdrecht den Ländern zu (z. B. Meeresstrand, Küstengewässer).

16

Jagdreviere

(§§ 4, 5, 7, 8 BJG, Art. 4, 5, 8–10 BayJG)

Jagdbezirke werden in Bayern (und Österreich) Jagdreviere genannt.
Die Ausübung des Jagdrechts ist nach der bundesdeutschen Jagdgesetzgebung ausschließlich in Jagdrevieren gestattet. Sie bestehen aus Grundflächen, die im Zusammenhang eine gewisse Mindestgröße (→ Stichwort 17) aufweisen müssen. Diese Bindung des Jagdausübungsrechtes an größere Jagdgebiete bildet die Grundlage des Reviersystems. Jagdreviere entstehen entweder als Eigenjagdreviere oder Gemeinschaftsjagdreviere. Staatsjagdreviere sind keine besonderen Jagdreviere, sondern Eigenjagdreviere des Freistaates Bayern.
Der erforderliche Zusammenhang der Grundflächen ist gegeben, wenn sie sich zumindest an einem Punkt berühren. Sog. Schmalflächen (Wasserläufe, Wege, Eisenbahnkörper und ähnliche Flächen) bilden, wenn sie nach Umfang und Gestalt für sich allein eine ordnungsgemäße Jagdausübung nicht gestatten, kein eigenes Jagdrevier, unterbrechen nicht den Zusammenhang zur Bildung eines Jagdreviers und stellen auch den Zusammenhang zwischen getrennt liegenden Flächen nicht her.

Beispiele:

Nicht zusammenhängende Flächen

Grundstück A

Schmalfläche (Straße, Eisenbahnlinie, Fluss etc.)

Grundstück B

Zusammenhängende Flächen

Grundstück A

Schmalfläche (Straße, Eisenbahnlinie, Fluss etc.)

Grundstück B

Jagdreviere sollen einen möglichst geradlinigen Grenzverlauf haben, um eine ordnungsgemäße Jagdausübung zu ermöglichen. Um die Gestaltung der Jagdreviere mit diesen Erfordernissen in Einklang zu bringen, müssen Jagdreviere durch Abrundung angepasst werden, wenn Jagdpflege und Jagdausübung dies erfordern (z. B. zur Vermeidung von Jagdunfällen infolge unübersichtlicher Revierverhältnisse). Reine Zweckmäßigkeitsgründe reichen allerdings nicht aus. Bei einer Abrundungsmaßnahme, die durch Abtrennung, Angliederung oder Tausch von Grundstücken erfolgen kann, soll die Reviergröße nach Möglichkeit nicht verändert werden. Dies bedeutet, dass der Flächenaustausch in der Regel Vorrang vor Abtrennung und Angliederung hat. Bei entsprechenden Abrundungsmaßnahmen darf das Revier im Übrigen seine gesetzliche Mindestgröße nicht verlieren. Eine Abrundung kann entweder durch schriftliche Vereinbarung der Beteiligten (Jagdgenossenschaft bei Gemeinschaftsjagdrevieren, Eigentümer oder Nutznießer bei Eigenjagdrevieren und Pächter) mit Zustimmung der Jagdbehörde oder von Amts wegen auf Anordnung der unteren Jagdbehörde vorgenommen werden. Verweigert der Pächter einer anzugliedernden oder abzutrennenden Grundfläche seine Zustimmung, wird eine Abrundungsmaßnahme erst mit Ablauf des Pachtvertrages wirksam.

Bei einer Abrundungsmaßnahme, die nicht durch Tausch gleich großer Flächen, sondern durch Angliederung oder Abtrennung vorgenommen wird, ist schließlich die Frage des Pachtpreises bzw. einer Entschädigung des dadurch Benachteiligten zu klären. Während der Laufzeit eines Jagdpachtvertrages ändert sich der Pachtpreis entsprechend der Änderung der Pachtfläche. Wird an ein verpachtetes Eigenjagdrevier eine Fläche angegliedert, erhält der Eigentümer dieser Grundfläche vom Eigentümer oder Nutznießer des Eigenjagdreviers für seine Fläche den Hektarpreis, den auch der Pächter zu zahlen hat. Bei nicht verpachteten Eigenjagdrevieren wird eine angemessene Entschädigung, die sich an den Nachbarrevieren orientieren wird, von der Jagdbehörde festgesetzt, sofern keine einvernehmliche Regelung zwischen den Parteien zustande kommt.
Wird eine Grundfläche, die allein kein eigenes Jagdrevier bildet, von mehreren Eigenjagden umschlossen, so sind sie einer oder mehrerer dieser Eigenjagden anzugliedern.
Werden sie nur von einem Eigenjagdrevier umgeben, so sind sie dessen Bestandteil.
Dasselbe gilt entsprechend für Gemeinschaftsjagdreviere.

17

Mindestgrößen Jagdreviere

(§§ 7 I, 8 I BJG, Art. 8 I, 10 I BayJG)

Hier ist zu unterscheiden zwischen Eigen- und Gemeinschaftsjagdrevieren einerseits sowie zwischen den Regelungen nach Bundesrecht (BJG) und denen nach Landesrecht (BayJG) andererseits.
Nach dem BJG beträgt die Mindestgröße eines Eigenjagdreviers 75 ha einer zusammenhängenden land-, forst- oder fischereiwirtschaftlich nutzbaren und im Eigentum einer Person (natürliche oder juristische Person) oder einer Personengemeinschaft (z. B. Miteigentümer) stehende Grundfläche, in Bayern dagegen 81,755 ha (ehemals 240 Tagwerk), im Hochgebirge mit seinen Vorbergen 300 ha. Der Grenzverlauf zum Hochgebirge mit seinen Vorbergen ist in § 2 AVBayJG detailliert dargestellt. Bei der Berechnung der Mindestgröße eines Eigenjagdreviers werden auch die Flächen der befriede-

ten Bezirke mitgezählt, sofern sie land-, forst- oder fischereiwirtschaftlich nutzbar sind. Bei länderübergreifenden Eigenjagden richtet sich die Mindestgröße nach der Bestimmung des Landes, in welchem der größere Revierteil liegt. Dies gilt aber ausschließlich für die Bestimmung der erforderlichen Mindestgrößen des Eigenjagdreviers. Im Übrigen, also insbesondere was die Jagdausübung anbelangt, gelten für jeden Teil eines sich über mehrere Länder erstreckenden Eigenjagdreviers die Vorschriften des Landes, in dem er liegt. Dies könnte etwa zu unterschiedlichen Jagdzeiten in ein und demselben Revier führen. Während in dem in Bayern gelegenen Revierteil die Jagd auf Fasanen am 31.12. eingestellt werden muss, könnte die Jagd im benachbarten Bundesland bis zum 15.01. erlaubt sein. Nachdem es genügt, dass die zusammenhängenden Mindestgrundflächen einer Eigenjagd im Eigentum einer Personengemeinschaft stehen, können sich Eigentümer benachbarter Grundstücksflächen gegenseitig jeweils das Miteigentum an ihren (zu kleinen) Grundflächen einräumen, um so zusammen die Mindestfläche zu erreichen.

Die Mindestgröße eines Gemeinschaftsjagdreviers, also aller Grundflächen einer Gemeinde oder abgesonderten Gemarkung, die nicht zu einem Eigenjagdbezirk gehören, beträgt nach dem BJG 150 ha, in Bayern 250 ha, im Hochgebirge mit seinen Vorbergen 500 ha. Befriedete Bezirke werden dabei in Bayern, entgegen der bundesrechtlichen Regelung (§ 8 BJG), nicht mitgezählt. Bei der Berechnung der Mindestgröße eines Gemeinschaftsjagdreviers in Bayern sind also beispielsweise Flächen innerhalb der im Zusammenhang bebauten Ortsteile abzuziehen. Dies, da ein Gemeinschaftsrevier mit überwiegend befriedeten Bezirken jagdlich nur eingeschränkt nutzbar und dementsprechend für eine Verpachtung wenig lukrativ wäre.

Die abweichenden Mindestgrößen im Hochgebirge sind auf Bayern beschränkte Ausnahmeregelungen, da es in den übrigen Bundesländern keine Hochgebirge gibt.

Beispiele (bezogen auf Bayern außerhalb der Hochgebirge mit Vorbergen):

Kein Eigenjagdrevier

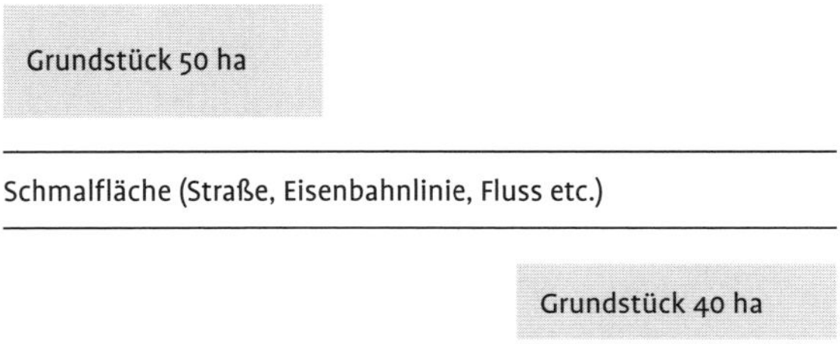

Grundstück 50 ha

Schmalfläche (Straße, Eisenbahnlinie, Fluss etc.)

Grundstück 40 ha

Eigenjagdrevier

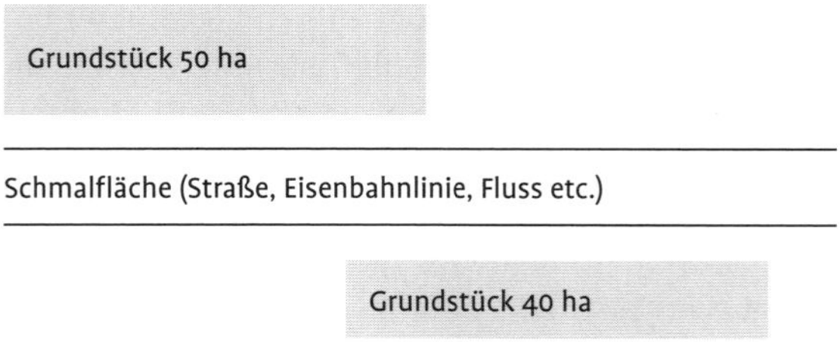

Grundstück 50 ha

Schmalfläche (Straße, Eisenbahnlinie, Fluss etc.)

Grundstück 40 ha

Kein Eigenjagdrevier

Eigentum A 70 ha

Pacht A
20 ha

Eigenjagdrevier

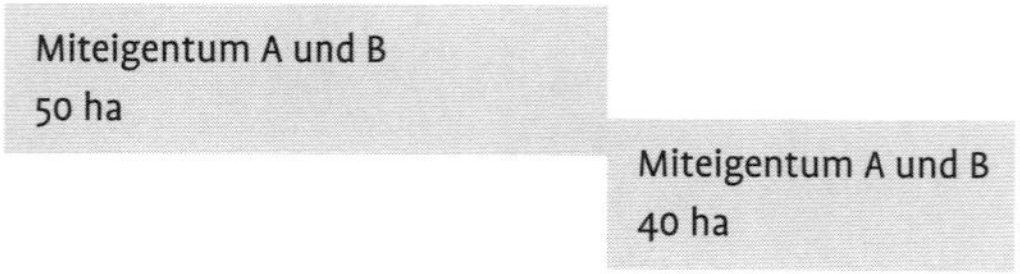

Miteigentum A und B
50 ha

Miteigentum A und B
40 ha

18

Teilung Eigen- und Gemeinschaftsjagdrevier

(§ 8 III BJG, Art. 8 II, 10 IV BayJG)

Ein Eigenjagdrevier kann in mehrere selbstständige Reviere aufgeteilt werden, wenn:

- jeder Teil eine Mindestgröße von 250 ha, im Hochgebirge mit seinen Vorbergen 500 ha, hat (*Achtung: nicht 81,755 ha und 300 ha!*),
- in jedem Teil eine ordnungsgemäße Jagdausübung möglich ist und
- die untere Jagdbehörde zustimmt.

Die Teilung eines Gemeinschaftsjagdreviers in mehrere selbstständige Reviere und selbstständige Jagdgenossenschaften ist unter denselben Voraussetzungen möglich, setzt allerdings zusätzlich einen entsprechenden Teilungsbeschluss der Jagdgenossenschaft voraus.

19

Verpachtung Gemeinschafts- und Eigenjagdrevier

(§ 10 I BJG, Art. 12 I BayJG)

Ein Gemeinschaftsjagdrevier wird in der Regel durch Verpachtung genutzt. Wegen der zu übernehmenden Unkosten wie Futterkosten, Entschädigungen für Wildschäden, Löhne an angestellte Jäger etc., den eher unsicheren Einnahmen aus der Vergabe von Abschüssen, Pirschbezirken oder aus Wildbretverkauf etc., und schließlich dem erhöhten Verwaltungsaufwand, sieht die Jagdgenossenschaft von einer Jagdnutzung auf eigene Rechnung meist ab. Der Erlös durch die Verpachtung erweist sich überwiegend als höher, sicherer und unkomplizierter.
Die Art und Weise der Verpachtung (Vergabemodalitäten) liegt weitgehend im Ermessen der Jagdgenossenschaft. So kann die Verpachtung etwa auf Personen aus der näheren Umgebung oder auf Jagdgenossen beschränkt werden. Dem Pächter können Auflagen gemacht werden u. a., wie viele Dau-

erjagderlaubnisscheine er vergeben darf (die entsprechenden Inhaber sind dem Jagdvorsteher mitzuteilen), ob Weiter- oder Unterverpachtungen möglich sind, ob Jagderlaubnisscheine oder Einzelabschüsse vergeben werden dürfen etc.

Die Verpachtung an sich kann durchgeführt werden als:

- *Öffentliche Versteigerung* (jeder Interessent kann sein Gebot öffentlich abgeben)
- *Öffentliche Ausbietung* (schriftliches Angebot in verschlossenem Umschlag)
- *Freihändige Vergabe* (Jagdgenossenschaft bestimmt Pächter)
- *Verlosung* (Pacht wird nach dem Zufallsprinzip verlost)
- *Verlängerung* (bisheriger Pächter bleibt Pächter)

Für die Verpachtung eines Eigenjagdreviers macht das Gesetz keine dahin gehenden Vorgaben. Es ist dem Eigentümer vielmehr grundsätzlich freigestellt, wie, durch wen und unter welchen Bedingungen er sein Jagdrevier bejagt oder bejagen lässt. Auch die Haftung für Wildschäden obliegt hier der vertraglichen Vereinbarung.

20

Teilverpachtung Jagdrevier

(§ 11 II BJG, Art. 8 II, 10 I, 14 I BayJG)

Hierunter ist die Verpachtung einer Teilfläche (Bogen) eines Reviers zu verstehen. Dies ist unter folgenden Voraussetzungen möglich:

- Verpachteter und verbleibender Teil haben die für die Teilung von Jagdrevieren vorgeschriebenen Mindestgrößen von 250 ha, im Hochgebirge 500 ha (→ Stichwort 18), und
- gestatten eine ordnungsgemäße Jagdausübung.
- Die Jagdbehörde stimmt der Teilverpachtung zu.

Die Jagdbehörde kann allerdings die Verpachtung eines Teils von geringerer Größe an den Revierinhaber eines angrenzenden Jagdreviers zulassen, wenn dies einer besseren Reviergestaltung dient.

21

Keine Teilverpachtung Jagdausübungsrecht

(§ 11 I 2 BJG)

Die Verpachtung der Jagd, genauer des Jagdausübungsrechts, ist nur in seiner Gesamtheit möglich. Ein Teil des Jagdausübungsrechts kann nicht Gegenstand eines Jagdpachtvertrages sein (Prinzip der sachlichen Unteilbarkeit). Ein dahin gehender Vertrag wäre nichtig.

Beispiele:

- *Der Verpächter behält sich im Jagdpachtvertrag die Ausübung der Jagdrechte zu einem bestimmten Prozentsatz vor.*
- *Der Jagdschutz (→* Stichwort 37*) als Teil des Jagdausübungsrechts wird nicht mit verpachtet, sondern soll beim Verpächter verbleiben.*
- *In einem Jagdrevier wird das Jagdausübungsrecht auf Hochwild an Pächter A und auf Niederwild an Pächter B verpachtet.*

Als Ausnahme von diesem Grundsatz kann sich der Verpächter die Jagdausübung auf bestimmte Wildarten, z. B. auf Rehwild, vorbehalten.

22

Jagdpachtfähigkeit

(§ 11 V BJG, Art. 14 III BayJG)

Jagdpachtfähig ist, wer einen Jahresjagdschein, auch Ausländerjagdschein (→ Stichwort 28), besitzt und schon vorher einen solchen während dreier Jahre in Deutschland besessen hat. Diese drei Jahre müssen nicht zusammenhängend gewesen sein; es genügt der Besitz während insgesamt 36 Monaten, allerdings nicht in Form von Jugend-, Falkner- oder Tagesjagdscheinen (→ Stichwort 28). Das Mindestalter eines Revierpächters beträgt daher zu Beginn der Pacht 21 Jahre. Dadurch soll sichergestellt werden, dass der Pächter bereits ein gewisses Maß an praktischer Jagderfahrung gesammelt hat, bevor er ein Revier übernimmt. Im Einzelfall kann die untere Jagdbehörde Ausnahmen zulassen. Jagdpachtfähig ist nur eine natürliche Person. Ausnahmsweise kann in Bayern eine juristische Person des öffentlichen Rechts, z. B. der Freistaat Bayern oder eine Gemeinde, Jagdpächter sein, sofern sie Inhaberin mindestens eines Eigenjagdreviers ist und Flächen zur Jagdausübung zupachten will.

23

Jagdpachtvertrag

(§§ 11–14 BJG, Art. 14–16, 18–20 BayJG, § 6 AVBayJG)

a. Rechtsnatur, Inhalt und Gegenstand

Der Jagdpachtvertrag ist ein schuldrechtlicher gegenseitiger Vertrag im Sinne des BGB (§ 581 BGB). Gegenstand der Jagdpacht ist das Jagdausübungsrecht, nicht das Revier an sich. Es handelt sich also um eine reine Rechtspacht. Der Pächter wird dementsprechend nicht Besitzer der angepachteten Flächen. Der Pachtvertag gibt dem Pächter allerdings (stillschweigend) ein Recht zum Betreten des Reviers, welches sich auch auf Jagdgäste erstreckt, da andernfalls eine ordnungsgemäße Jagdausübung nicht gewährleistet wäre. Ohne vertragliche Regelung umfasst dieses Betretungsrecht aber nicht automatisch ein Recht zum Befahren des Reviers mit dem PKW; es sei denn, dies ist zur ordnungsgemäßen Jagdausübung, etwa zur Bergung von Wild, unerlässlich.

Durch den Jagdpachtvertrag ist der Verpächter verpflichtet, dem Jagdpächter die ungehinderte und ungestörte Jagdausübung innerhalb der vereinbarten räumlichen und zeitlichen Grenzen zu gewähren. Der Jagdpächter ist u. a. zur Zahlung des Jagdpachtzinses, zur Hege und weidgerechten Bejagung des Wildes (im Rahmen der Abschusspläne), insbesondere auch zur Verhütung von Wildschäden und zu deren Ersatz verpflichtet, wenn und soweit eine entsprechende Übernahmeverpflichtung in den Jagdpachtvertrag aufgenommen wurde.

b. Form, Unterschriften

Ein Jagdpachtvertrag ist stets schriftlich abzuschließen. Ein mündlich geschlossener Jagdpachtvertrag ist nichtig. Aufgrund der langen Vertragslaufzeiten stellt dies einen Schutz vor übereilten und unüberlegten Entscheidungen dar. Vertragsparteien des Jagdpachtvertrages sind die Jagdgenossenschaft, vertreten durch den Jagdvorstand bzw. der Eigenjagdbesitzer als Verpächter und der oder die Jäger als Pächter. Er muss von diesen Vertragsparteien unterzeichnet werden.

Achtung: *Die Unterschrift des Jagdvorstehers reicht aus, wenn er entweder laut Jagdgenossenschaftssatzung allein vertretungsberechtigt ist oder durch die übrigen vertretungsberechtigten Mitglieder des Jagdvorstandes bevollmächtigt wurde, sofern eine Vertretung nicht satzungsgemäß ausgeschlossen ist. Andernfalls ist die Unterschrift sämtlicher vertretungsberechtigter Mitglieder des Jagdvorstandes erforderlich.*

c. Mindestlaufzeiten (Verlängerung)

Die Mindestpachtzeit beträgt für Niederwildreviere neun Jahre, für Hochwildreviere (→ Stichwort 13) zwölf Jahre. Beginn und Ende der Pachtzeit sollen mit Beginn und Ende des Jagdjahres (01. April bis 31. März) zusammenfallen (§ 11 IV 5 BJG).

Achtung: *Eine Weiterverpachtung an den bisherigen Pächter ist auch mit einer kürzeren Laufzeit des Jagdpachtvertrages möglich, da hiermit die Mindestpachtzeit nicht unterschritten, sondern die Pachtzeit verlängert wird.*

d. Höchstpachtflächen (Anrechnung)

Die Gesamtfläche, auf der einem Pächter das Jagdausübungsrecht zusteht, darf nicht mehr als 1000 ha umfassen, im Hochgebirge mit seinen Vorbergen 2000 ha. Die Frage, ob bei Berechnung der Pachthöchstfläche befriedete Bezirke einzubeziehen sind oder nicht, ist umstritten. Die Fläche eines Eigenjagdreviers wird bei der Berechnung der Gesamtfläche ebenfalls berücksichtigt. Der Inhaber einer 400 ha großen Eigenjagd im Flachland darf also höchstens 600 ha, ebenfalls im Flachland, zupachten.

Achtung: *Eine häufig gestellte Frage in der mündlichen Jägerprüfung bezieht sich auf die Berechnung der Höchstpachtflächen für einen Pächter, der sowohl im Flachland als auch im Hochgebirge pachten möchte.*

Beispiel: *Welche Fläche darf ein Pächter, der im Flachland bereits 750 ha gepachtet hat, im Hochgebirge höchstens zupachten? Antwort: 500 ha, da er be-*

reits 75 % seiner Höchstpachtfläche im Flachland ausgenutzt hat, mithin noch 25 % der Höchstpachtfläche im Hochgebirge (25 % von 2000 ha = 500 ha) zupachten darf (Art. 16 I 2 BayJG).

> **Achtung:** *Die Höchstpachtflächen gelten nicht entsprechend für die Größe von Eigenjagdrevieren! Dem Grundstückseigentümer kann das Jagdausübungsrecht auf seinem eigenen Grund und Boden nicht genommen werden. Der Inhaber einer Eigenjagd mit einer Fläche von 2300 ha ist also zur Jagdausübung auf dieser Gesamtfläche berechtigt.*

e. Pächteranzahl

Die Anzahl der Pächter ist bei Revieren bis zu einer Größe von 250 ha (im Hochgebirge mit seinen Vorbergen 500 ha) auf zwei beschränkt. Bei größeren Jagdrevieren ist jeweils ein weiterer Pächter für je weitere angefangene 250 ha bzw. 500 ha zulässig.

Beispiel: *Ein Revier im Flachland mit einer Größe von 751 ha könnte von fünf Jägern gepachtet werden, nämlich zwei Pächter für die ersten 250 ha, für die weiteren jeweils 250 ha (251 ha bis 500 ha und 501 ha bis 750 ha) jeweils ein zusätzlicher Pächter und schließlich ein weiterer Pächter für die angefangenen 250 ha (751 ha bis 1000 ha). Im Hochgebirge wären bei derselben Reviergröße lediglich drei Pächter zulässig, nämlich zwei für die ersten 500 ha und ein weiterer für die darüber hinaus angefangenen 500 ha (501 ha bis 1000 ha).*

Bei der Berechnung der erforderlichen Reviergrößen werden befriedete Bezirke nicht mitgerechnet.

Sinn und Zweck dieser gesetzlichen Festlegung der zulässigen Anzahl von Revierpächtern ist es, einerseits eine grenzenlose Ausnutzung der Jagdfläche zu verhindern und andererseits möglichst vielen Jägern die Jagdausübung zu ermöglichen.

> **Achtung:** *Bei einer Verpachtung an mehrere Pächter (Mitpacht) wird grundsätzlich die Revierfläche durch die Anzahl der Pächter geteilt und die sich daraus errechnende Teilfläche jedem Pächter angerechnet.*

Beispiel: *Bei einem Revier im Flachland mit einer Fläche von 750 ha und drei Pächtern entfallen auf jeden Pächter 250 ha.*

Abweichend von dieser gesetzlichen Aufteilung, besteht allerdings auch die Möglichkeit den jeweiligen Mitpächtern unterschiedlich große Teilflächen (auch durch Vereinbarung unter den Mitpächtern) zuzuweisen. Dabei ist

aber zu beachten, dass die Mindestfläche, die einem Mitpächter in diesem Fall anzurechnen ist, der Fläche entspricht, die sich bei Teilung der Revierfläche durch die zulässige Höchstpächteranzahl errechnen würde.
Beispiel: *Ein Revier im Hochgebirge mit einer Fläche von 2000 ha darf höchstens an fünf Mitpächter verpachtet werden (zwei Pächter für die ersten 500 ha und je ein weiterer für darüber hinaus jeweils angefangene 500 ha). Jedem Mitpächter ist damit mindestens eine Teilfläche von 400 ha anzurechnen (2000 ha : 5 = 400 ha).*

f. Eintrag verpachteter Flächen
Um, insbesondere auch zu Kontrollzwecken, einen Überblick zu haben, auf welchen Flächen jemandem die Ausübung des Jagdrechts zusteht, sind diese in den Jagdschein einzutragen.

g. Anzeige und vorzulegende Dokumente
Der Jagdpachtvertrag, die Jagdscheine der Jagdpächter und, bei der Verpachtung von Gemeinschaftsjagdrevieren, die Niederschriften über die Versammlung der Jagdgenossen, in denen über die Verpachtung beschlossen wurde, sind der unteren Jagdbehörde vorzulegen. Damit gilt der Jagdpachtvertrag als angezeigt.

h. Beanstandung
Die untere Jagdbehörde kann den Jagdpachtvertrag innerhalb von drei Wochen nach der Anzeige wegen möglicher Rechtsfehler beanstanden und insbesondere eine Änderung von Vertragsbestandteilen anordnen. Sofern dieser Anordnung nicht Folge geleistet wird, gilt der Vertrag mit Ablauf der von der Behörde gesetzten Korrekturfrist als aufgehoben, es sei denn, einer der Vertragsteile beantragt eine gerichtliche Klärung beim Amtsgericht. Auch ohne Beanstandung ist die Jagdausübung erst drei Wochen nach der Vertragsanzeige erlaubt, sofern die Jagdbehörde keinen vorzeitigen Beginn gestattet hat.

i. Kündigung und Pachtzinsminderung
Nachdem Jagdpachtverträge eine vertraglich festgelegte Laufzeit haben, ist eine ordentliche Kündigung durch einen Vertragspartner grundsätzlich ausgeschlossen.

Sofern allerdings ein schwerwiegender Grund für eine Beendigung des Vertragsverhältnisses vorliegt, steht sowohl dem Pächter als auch dem Verpächter das Recht zu einer außerordentlichen Kündigung des Vertrages zu. Dabei ist die außerordentliche Kündigung durch die Jagdgenossenschaft als Verpächter nur aufgrund eines Beschlusses der Versammlung der Jagdgenossen, nicht aber durch den Jagdvorstand allein, möglich.
Da eine außerordentliche Kündigung als „letzte Lösung" nur ausnahmsweise bei gravierenden Vertragsverletzungen, die dem Vertragspartner schlichtweg unzumutbar sind, gerechtfertigt ist, hat diese grundsätzlich zeitnah zu erfolgen und setzt bei behebbaren Vertragsverletzungen eine im Vorfeld erfolgte Abmahnung voraus.
Beispiele *für ein außerordentliches Kündigungsrecht:*

- *Das Jagdausübungsrecht wird vom Pächter vertragswidrig unterverpachtet.*
- *Der Pächter überlässt die Jagdausübung vollständig einem Erlaubnisscheininhaber.*
- *Das vom Verpächter vertraglich zugesicherte Wild kommt im Revier tatsächlich nicht vor.*

Unabhängig hiervon berechtigen nennenswerte Mängel oder das Fehlen zugesicherter Eigenschaften der gepachteten Jagd den Pächter, auch ohne Verschulden des Verpächters, zu einer Minderung (Herabsetzung) des Pachtzinses.
Beispiele:

- *Erhebliche Beeinträchtigung der Jagd durch naturschutzrechtliche Maßnahmen oder Bautätigkeiten.*
- *Nachträgliche Einzäunung (Gatterung) erheblicher Flächen des Jagdreviers.*

j. Erlöschen

Der Jagdpachtvertrag erlischt, ohne dass es einer Kündigung bedarf, wenn dem Pächter der Jagdschein unanfechtbar entzogen worden ist. Er erlischt aber nicht automatisch nach Ablauf der Gültigkeitsdauer des Jagdscheins oder weil der Pächter noch gar keinen Jagdschein gelöst hat, sondern vielmehr erst nach fruchtlosem Ablauf einer von der unteren Jagdbehörde dem Pächter hierfür zu setzenden Frist. Hat der Pächter das Erlöschen des Jagdpachtvertrages verschuldet, hat er dem Verpächter den daraus entstehenden Schaden zu ersetzen.

24

Jagdgast

(§ 11 BJG, Art. 17, 40 I, 41 IV BayJG, § 9 AVBayJG)

Jagdgast ist ein Jäger, der die Jagd in einem fremden Revier auf Einladung des Revierinhabers (Jagdausübungsberechtigten) ausübt und dort weder bestätigter Jagdaufseher, noch Berufsjäger ist (Letztere sind im Rahmen ihres Anstellungsvertrages zur Jagdausübung berechtigt). Beim überwiegenden Teil der Jäger handelt es sich mithin um Jagdgäste.
Jagdgäste sind nicht Jagdausübungsberechtigte.
Der Revierpächter bleibt vielmehr in vollem Umfang Inhaber des von ihm gepachteten Jagdausübungsrechts. Er ist sowohl seinem Verpächter als auch der Jagdbehörde gegenüber für das Geschehen in seinem Revier verantwortlich.
Jagdgäste dürfen die Jagd nur entweder aufgrund einer mündlichen oder stillschweigend erteilten Jagderlaubnis in Begleitung des Revierinhabers, angestellten Jägers oder bestätigten Jagdaufsehers, der sich in Sicht- bzw. Rufweite aufzuhalten hat (dessen Anwesenheit im Jagdrevier genügt nicht), oder als Besitzer einer schriftlichen entgeltlichen oder unentgeltlichen Jagderlaubnis (Begehungsschein) ausüben, die sie mitführen sowie kontrollberechtigten Personen, wie etwa der Polizei, vorzeigen müssen und die von sämtlichen Revierinhabern unterschrieben sein muss, es sei denn, diese haben sich gegenseitig zur Erteilung von Jagderlaubnissen bevollmächtigt. Daher werden für Gesellschaftsjagden Einladungen verschickt, welche den Teilnehmern gleichzeitig als schriftliche Jagderlaubnis dienen. Wer nicht von allen Pächtern schriftlich oder mündlich eine Jagderlaubnis erhalten hat, begeht Jagdwilderei, denn er verletzt das Jagdausübungsrecht derjenigen Pächter, die der Jagdausübung nicht zugestimmt haben.
In dem Jagderlaubnisschein ist in der Regel der Name des Inhabers, das freigegebene Wild, die Gültigkeitsdauer, das Jagdrevier, der/die Revierinhaber und die jagdschutzrechtlichen Befugnisse des Jagdgastes vermerkt.
Der Revierpächter kann dem Jagdgast die Ausübung des Jagdschutzes (→ Stichwort 37) erlauben, beschränkt auf den Schutz des Wildes vor:

- *Futternot,*
- *Wildseuchen,*
- *wildernden Hunden und Katzen,*

- *Tierarten, die weder dem Jagd-, noch dem Naturschutzrecht unterliegen, wie etwa der Wanderratte.*

Die Jagderlaubnis kann für alle oder für bestimmte Wildarten oder nur für einzelne Tiere erteilt werden.
Auf entgeltliche Jagderlaubnisse sind grundsätzlich die Bestimmungen über die Jagdpacht (z. B. Schriftformerfordernis, Jagdpachtfähigkeit, Anzeigepflicht mit Dreiwochenfrist, Anrechnung auf Pachthöchstfläche und Pächterhöchstzahl, Jagdscheineintragung) entsprechend anzuwenden. Dies gilt allerdings nicht bei einer nur vorübergehenden Überlassung der Jagdausübung. Hierunter ist die Vergabe von Einzelabschüssen und Erlaubnisscheinen für die Dauer von bis zu einem Jagdjahr zu verstehen. Diese können also beispielsweise auch mündlich abgeschlossen werden und sind nicht an die Jagdpachtfähigkeit (→ Stichwort 22) des Erlaubnisinhabers gebunden.
Die Erteilung eines Jagderlaubnisscheins bedarf grundsätzlich der Zustimmung des Verpächters (§§ 540, 581 II BGB). Regelungen hierzu finden sich meist im Jagdpachtvertrag.
Die Jagderlaubnis muss nicht auf Dauer erteilt werden. Jede Art der Duldung der Jagdausübung, egal ob mündlich (auch telefonisch) oder schriftlich erteilt, also beispielsweise auch die Gestattung eines einmaligen Ansitzes durch den Revierinhaber aus Gefälligkeit stellt eine Jagderlaubnis dar.
Einer Jagdeinladung aus Gefälligkeit liegt regelmäßig kein Vertrag zugrunde. Sie kann daher jederzeit ohne Angabe von Gründen widerrufen werden.
Ist die Jagderlaubnis durch Vertrag geregelt, so kann dieser aus wichtigem Grund außerordentlich und fristlos gekündigt und die Jagderlaubnis widerrufen werden, beispielsweise bei grober oder mehrfacher Überschreitung der Erlaubnis, schwerer oder wiederholter Verletzung jagdrechtlicher Vorschriften etc.
Das Eigentum am erlegten Wild steht ausschließlich dem Jagdausübungsberechtigten, nicht dem Jagdgast, zu. Die Berechtigung des Jagdgastes bezieht sich ausschließlich auf die Jagdausübung, nämlich das Aufsuchen, Nachstellen, Erlegen und Fangen des freigegebenen Wildes (→ Stichwort 5). Das Aneignungsrecht wird ihm durch die Jagderlaubnis nicht übertragen. Dies gilt grundsätzlich auch für die Trophäen sowie das „kleine Jägerrecht“ (Herz, Leber, Milz, Nieren und Lunge), die allerdings nach jagdlichem Brauch dem Erleger zustehen, sofern der Jagdausübungsberechtigte hieran kein Interesse anmeldet.

25

Befriedete Bezirke und sonstige örtliche Verbote

(§§ 6, 6a, 20, 21 BJG, Art. 6, 25, 31, 38, 39, 45 BayJG, § 1 AVBayJG, § 62 I EBO, § 18 IX StVO, §§ 23, 24 BNatSchG)

Grundsätzlich sind sämtliche Flächen eines Jagdreviers der Jagd zugänglich. Ausgenommen hiervon sind aber die Grundflächen eines Reviers, auf denen die Jagd ruht (befriedete Bezirke) oder auf denen infolge sonstiger örtlicher Verbote keine Jagdhandlungen vorgenommen werden dürfen.
Bei den befriedeten Bezirken ist zu unterscheiden in Bezirke, die bereits von Gesetzes wegen befriedet sind und in solche, die von der Jagdbehörde auf Antrag oder von Amts wegen durch Verwaltungsakt für befriedet erklärt werden können. Insoweit antragsberechtigt sind die Jagdgenossenschaft, der Eigenjagdbesitzer und die Eigentümer der zu befriedenden Grundflächen, nicht aber der Revierpächter.

a. Befriedete Bezirke von Gesetzes wegen

(1) Hierzu zählen zunächst Gebäude, die zum Aufenthalt von Menschen dienen sowie damit zusammenhängende Gebäude. Aus Sicherheitsgründen und aufgrund der grundgesetzlich geschützten Unverletzlichkeit der Wohnung (Art. 13 GG) versteht sich geradezu von selbst, dass dort die Jagdausübung untersagt ist. Wegen Baufälligkeit nicht mehr bewohnbare Gebäude stellen keinen befriedeten Bezirk in diesem Sinn dar; nur zeitweilig genutzte Gebäude, wie etwa Ferienhäuser, schon.
(2) Dasselbe gilt für an solche Gebäude anschließende Hofräume und Hausgärten. Diese müssen zwar, um die Voraussetzung für einen befriedeten Bezirk zu erfüllen, umfriedet sein. Dieser Begriff ist allerdings weit auszulegen, sodass nahezu jedwede für den Jäger erkennbare Abgrenzung, sei es auch nur eine im Bereich des Hofgartens gepflegte und von der Umgebung dadurch abgesetzte Rasenfläche, genügen dürfte. Mauern, Hecken, Zäune, Gräben oder Rinnen genügen dieser Anforderung allemal, auch wenn sie lückenhaft und für Mensch und Tier ohne Weiteres überwindbar sind. Die Größe des Hofraumes oder Hausgartens spielt ebenso wenig eine Rolle; auch eine als Ziergarten ausgestaltete, parkähnliche Anlage, die an die Behausung anschließt und umfriedet ist, stellt einen befriedeten Bezirk dar.

(3) Flächen innerhalb der im Zusammenhang bebauten Ortsteile, also der gesamte Innenbereich einer Gemeinde, sind befriedeter Bezirk, unabhängig von einer vorhandenen Bebauung (Baulücken). Sonstige Flächen im Geltungsbereich eines Bebauungsplans werden jedoch erst dann zu befriedeten Bezirken, wenn sie bebaut werden.
(4) Schließlich sind Friedhöfe und Tiergärten von Gesetzes wegen befriedete Bezirke. Unter den Begriff Tiergärten fallen auch Wildgehege (→ Stichwort 41), in denen sonst wild lebende Tiere, die dem Jagdrecht unterliegen, zur Fleischgewinnung gehalten werden (z. B. Dam- oder Rotwild), da diese Tiere nicht im Rahmen der Jagdausübung erlegt werden. Damit sind dem Jäger Jagdhandlungen auch in diesen Wildgehegen grundsätzlich untersagt.

b. Für befriedet erklärte Bezirke
(1) Die Jagdbehörde kann auch unbebaute Flächen im Geltungsbereich eines Bebauungsplans für befriedet erklären. Hierzu zählen insbesondere die sog. öffentlichen Anlagen, Park- und Kleingartenanlagen, Zelt-, Sport- und Spielplätze sowie sonstige Gemeindebedarfsflächen. Hier besteht aus Sicherheits- und Erholungsgründen ein gesteigertes öffentliches Interesse an Jagdruhe und damit einer Befriedeterklärung durch die untere Jagdbehörde. Soweit im Bebauungsplan aber land- und forstwirtschaftliche Flächen festgesetzt wurden, können diese nicht mehr für befriedet erklärt werden.
(2) Darüber hinaus können sonstige in einem Jagdrevier befindliche Flächen, wie etwa Baumschulen oder Schonungen, nicht aber Wildgehege, die zu Jagdzwecken dienen, und Wintergatter (→ Stichwort 41), für befriedet erklärt werden, allerdings nur unter den Voraussetzungen, dass die Eingänge absperrbar und die Flächen dauerhaft abgeschlossen sind, um den Zutritt Unbefugter zu verhindern sowie das Ein- und Auswechseln von Wild, außer von Feder- und Raubwild sowie Wildkaninchen, nicht möglich ist.
(3) Schließlich sind auf Antrag des Grundeigentümers, der an die untere Jagdbehörde zu richten ist, Flächen, die zu einem gemeinschaftlichen Jagdbezirk gehören und im Eigentum einer natürlichen Person stehen, unter den in § 6a BJG genannten Voraussetzungen zu befriedeten Bezirken zu erklären, wenn dieser die Jagdausübung aus ethischen Gründen ablehnt. Infolge eines Urteils des Europäischen Gerichtshofs für Menschenrechte vom 26.06.2012 wurde diese Bestimmung in das Bundesjagdgesetz aufgenommen und trat am 06.12.2013 in Kraft. Die Jagdbehörde muss den Antrag

ablehnen, wenn der Grundeigentümer keine Gewissensgründe glaubhaft macht, die Gefahr von Wildschäden auf den umliegenden Grundstücken zu groß ist oder die Bejagung des restlichen Jagdreviers übermäßig erschwert wird und dadurch die in § 6a BJG genannten Belange gefährdet werden. Auch eine räumlich oder zeitlich begrenzte sowie an Auflagen gebundene Befriedung der gegenständlichen Fläche ist möglich, so etwa die Zulassung der Bejagung von Raubwild aus Naturschutzgründen oder die Durchführung von Bewegungsjagden.

c. Verbot der Jagdausübung in befriedeten Bezirken

In befriedeten Bezirken ruht die Jagd, genauer gesagt das Jagdausübungsrecht, nicht jedoch das Jagdrecht.

Dies bedeutet, dass grundsätzlich jegliche Jagdausübung in befriedeten Bezirken untersagt ist. Es darf also niemand, weder der Grundstückseigentümer noch der Revierpächter, Jagdhandlungen auf der Friedfläche vornehmen. Dies gilt auch für den Jagdschutz. Dennoch steht das Jagdrecht in einem befriedeten Bezirk dem Grundstückseigentümer zu (→ Stichwort 14). Jagdhandlungen anderer – etwa des Revierpächters, in dessen Revier die befriedete Fläche liegt – verletzen damit das Jagdrecht des Grundstückseigentümers und erfüllen den Straftatbestand der Jagdwilderei (§ 292 StGB), was zu einer Freiheitsstrafe von bis zu drei Jahren oder einer Geldstrafe führen kann, während der Grundstückseigentümer oder Nutzungsberechtigte durch Jagdhandlungen auf dem befriedeten Bezirk lediglich eine Ordnungswidrigkeit nach § 39 I Nr. 1 BJG begeht, die mit einer Geldbuße von bis zu 5 000 € geahndet werden kann. Um hier keine bösen Überraschungen zu erleben, tut der Jäger mithin gut daran, bei insoweit zweifelhaften Flächen eine entsprechende Klärung herbeizuführen, etwa über den Jagdvorsteher und das von der Jagdgenossenschaft zu führende Jagdkataster, in dem die Grundstücksgrößen, Eigentumsverhältnisse und jagdbaren Flächen in einem Jagdrevier dargestellt sind oder durch Nachfrage bei der unteren Jagdbehörde. Die Friedfläche gehört zwar zum gemeinschaftlichen Jagdrevier, deren Eigentümer ist aber kein Mitglied der Jagdgenossenschaft (→ Stichwort 27).

d. Ausnahmen vom Verbot der Jagdausübung in befriedeten Bezirken

Befristet und für bestimmte Wildarten kann die untere Jagdbehörde in befriedeten Bezirken dem Eigentümer, dem Nutzungsberechtigten, dem Revierinhaber oder deren Beauftragten Jagdhandlungen erlauben. Derartige Gestattungen werden in der Regel auf begründeten Antrag hin erteilt und sind gebührenpflichtig.

> **Achtung:** *Eine Ausnahme von dieser Erlaubnispflicht ist in § 1 I AVBayJG geregelt. Sofern der Grundstückseigentümer einverstanden ist, gilt die Erlaubnis gegenüber dem Revierinhaber (und die von ihm beauftragten Jäger) für die Jagd auf Haarraubwild und Wildkaninchen mit Fallen innerhalb der Jagdzeiten als erteilt.*

Eine Mitwirkung der Jagdbehörde ist unter diesen Voraussetzungen also nicht erforderlich.
Beispiele: *Die Bejagung eines Marders mit der Falle während der Jagdzeit im Dachboden eines landwirtschaftlichen Anwesens, auf Wunsch des Landwirts durch den Revierinhaber, wäre also ohne gesonderte Erlaubnis durch die Jagdbehörde zulässig. Im Gegensatz dazu wäre aber für die Bejagung eines Marders mit der Schusswaffe im befriedeten Bezirk die vorherige Genehmigung durch die Jagdbehörde erforderlich.*
Grundsätzlich benötigt der insoweit Berechtigte hierfür keinen Jagdschein, muss also nicht Jäger sein. Bei der Jagd mit der Schusswaffe werden aber in der Regel nur Jäger die waffen- und versicherungsrechtlichen Voraussetzungen erfüllen, sodass für Nichtjäger allenfalls die Fallenjagd, sofern ein entsprechender Lehrgang nach Art. 28 BayJG absolviert wurde, infrage kommen wird. Es dürfen nur zugelassene Fallen zum Einsatz kommen (§§ 12 a ff AVBayJG). Die Verwendung von Schlagfallen (Fallen für den Totfang) ist der Jagdbehörde anzuzeigen (Art. 29 a III BayJG).
Der Nichtjäger benötigt zum Gebrauch von Schusswaffen eine Schießerlaubnis (→ Stichwort 83) nach § 10 V WaffG. Dabei müssen die Voraussetzungen des § 4 WaffG erfüllt sein (Volljährigkeit, Zuverlässigkeit, persönliche Eignung, Sachkunde, Bedürfnis, Haftpflichtversicherung, siehe im Einzelnen → Stichwort 84).
Eine weitere Ausnahme vom Verbot der Jagdausübung liegt vor, wenn krankes oder krankgeschossenes Wild in einen befriedeten Bezirk flüchtet und (zeitnah) im Rahmen der Nachsuche verfolgt wird. Gebäude, Hofräume oder Hausgärten, die unmittelbar an ein Gebäude anschließen und umfriedet sind, darf der Revierinhaber oder sein Beauftragter zu diesem Zweck aber ohne Zustimmung des Eigentümers oder Nutzungsberechtigten nicht betreten, geschweige denn, darin Jagdhandlungen vornehmen (Jagdwilde-

rei!). Einem angeschossenen Wildkaninchen, welches in ein Friedhofsgelände flüchtet, könnte dagegen nachgesucht werden.
Auf die möglichen Ausnahmen vom Verbot der Jagdausübung auf den Friedflächen nach § 6 a BJG (Befriedung aus ethischen Gründen) sei an dieser Stelle nochmals hingewiesen.

e. Aneignungsrecht in befriedeten Bezirken
Auf befriedeten Flächen darf sich grundsätzlich der Grundstückseigentümer verendetes Wild, Fallwild und Abwurfstangen aneignen, da ihm das Jagdrecht zusteht (§ 1 II AVBayJG). Wird krankes oder krankgeschossenes Wild allerdings zeitnah nachgesucht und in einen befriedeten Bezirk verfolgt, steht das Aneignungsrecht dem Revierinhaber zu und der Grundstückseigentümer ist zur Herausgabe verpflichtet (Art. 38 BayJG). Widersetzt sich der Grundstückseigentümer der Herausgabe, verletzt er damit das Jagdausübungsrecht (Aneignungsrecht) des Revierinhabers und macht sich damit der Jagdwilderei nach § 292 StGB schuldig.
Wird schließlich das Erlegen oder Fangen von Wild in einem befriedeten Bezirk durch die Jagdbehörde erlaubt oder gilt diese Erlaubnis als erteilt, so steht das Aneignungsrecht dem Erlaubnisinhaber zu.
Eine Sonderregelung zum Aneignungsrecht ist für Friedflächen aus ethischen Gründen vorgesehen, wonach unter den in § 6 a BJG genannten Voraussetzungen das Aneignungsrecht dem Jagdausübungsberechtigten oder beauftragten Jäger zusteht.

f. Sonstige örtliche Jagdausübungsverbote
Nach § 20 I BJG darf an Orten, an denen die Jagd nach den Umständen des Einzelfalles die öffentliche Ruhe, Ordnung oder Sicherheit stört oder das Leben von Menschen gefährden würde, nicht gejagt werden.
Generelle Betretungsverbote, wie etwa für Eisenbahnanlagen nach § 62 EBO oder für Autobahnen und Kraftfahrstraßen nach § 18 IX StVO bedeuten faktisch ebenfalls ein örtliches Verbot der Jagdausübung.
Diese örtlichen Verbote gelten grundsätzlich auch bei der Verfolgung kranken oder krankgeschossenen Wildes.
Sowohl das örtliche Jagdverbot nach § 20 I BJagdG als auch die gesetzlichen Betretungsverbote lassen das Jagdausübungsrecht allerdings unberührt. Dies bedeutet, dass das Aneignungsrecht hinsichtlich des auf Bahnanlagen und Autobahnen anfallenden Wildes beim Revierinhaber verbleibt.

Schließlich kann die Bejagung von bedrohten Wildarten in bestimmten Gebieten oder Jagdrevieren, auch zeitlich begrenzt, von der höheren Jagdbehörde (→ Stichwort 43) verboten werden (§ 21 III BJG, Art. 31 III BayJG).
In Nationalparken und Naturschutzgebieten (→ Stichwort 63) darf die Jagd zwar grundsätzlich ausgeübt werden. Durch Rechtsverordnung können aber auch auf diesen Flächen Jagdbeschränkungen bis hin zu Jagdverboten festgelegt werden.
In Wintergattern (→ Stichwort 41), also in Wildgehegen, in denen zur Vermeidung übermäßiger Wildschäden sonst in freier Wildbahn befindliches Rotwild während der Notzeit gehalten und gefüttert wird, darf Schalenwild, ausgenommen krankes und kümmerndes Wild, nicht erlegt werden. Ausnahmeregelungen sind möglich.
Schließlich sind besäte Felder und nicht abgemähte Wiesen bei der Jagdausübung zu schonen. Die Treibjagd (→ Stichwort 30) auf Feldern, die mit reifender Halm- oder Samenfrucht oder mit Tabak bestanden sind, ist verboten; die Suchjagd nur insoweit, als sie zu Schäden an den reifenden Früchten führt.

26

Sachliche und zeitliche Gebote und Verbote

(§§ 19, 19 a, 33 I 2 BJG, Art. 29 BayJG, Art. 2 II Nr. 3 FTG)

Während die örtlichen Verbote (→ Stichwort 25) bestimmen, wo die Jagdausübung verboten ist, geht es bei den sachlichen und zeitlichen Geboten und Verboten darum, wie und wann (nicht) gejagt werden darf oder soll. Es handelt sich dabei um eine gesetzliche Konkretisierung des Gebotes, weid- und tierschutzgerecht zu jagen.
Die insoweit zentralen und prüfungsrelevanten Vorschriften sind insbesondere § 19 BJG und Art. 29 BayJG, die nachfolgend kommentiert werden.

a. Nachsuche (Art. 29 I, 38 BayJG, § 22 a BJG)
Auf krankgeschossenes Wild muss zeitgerecht und fachgemäß nachgesucht werden. Fachgemäß ist eine Nachsuche in der Regel nur mit einem brauchbaren Hund. Eine zeitgerechte Nachsuche ist geboten, um das Wild vor vermeidbaren Schmerzen oder Leiden zu bewahren.

b. Wild krankschießen (Art. 29 II Nr. 1 BayJG)
Geradezu selbstverständlich ist es verboten, Wild absichtlich krank zu schießen, auch nicht zur Abrichtung und Prüfung von Jagdhunden.

c. Rauer Schuss, Bolzen und Pfeile (§ 19 I Nr. 1 BJG)
Die hier aufgezählten und verbotenen Geschosse haben in der Regel keine ausreichend sichere Wirkung zur sofortigen Tötung von Schalenwild. Seehunde sind zwischenzeitlich ganzjährig geschont und daher in diesem Zusammenhang, zumindest derzeit, unbeachtlich.
Posten sind Schrote mit einem Durchmesser von über 4 bis zu 9 mm.
Unregelmäßig geformte Bleistückchen bezeichnet man als gehacktes Blei. Sofern bei der Jagd auf Schalenwild Schrot, Posten oder gehacktes Blei verwendet werden, spricht man vom (verbotenen) rauen Schuss. Die Begriffe Bolzen und Pfeile verbieten die Jagd mit der Armbrust sowie mit Pfeil und Bogen, was sich aus Tierschutzgründen (§ 4 I 1 TierSchG) sowie aus Gründen der Weidgerechtigkeit auf sämtliches Wild, nicht nur auf Schalenwild, beziehen dürfte. Ein ausdrückliches Verbot sehen das BJG und das BayJG allerdings insoweit nicht vor.
Das Verwendungsverbot der genannten Geschosse gilt grundsätzlich auch für den Fangschuss.

Achtung: *In diesem Zusammenhang ist die Frage nach der Zulässigkeit eines mit der Schrotflinte angetragenen Fangschusses auf Schalenwild mangels Mitführung einer bestimmungsgemäßen Fangschusswaffe regelmäßig Gegenstand der mündlichen Jägerprüfung. Aus Gründen des Tierschutzes kann in diesem Ausnahmefall ein Verstoß gegen § 19 I Nr.1 BJG gerechtfertigt, ja sogar geboten sein, wenn es sich nämlich darum handelt, ein Stück Wild von seinen Qualen zu erlösen und erlaubte Mittel nicht zur Verfügung stehen. Der Jäger kann sich dabei auf den Rechtfertigungsgrund der Pflichtenkollision berufen. Verzichtet er auf den Fangschuss mit der Schrotflinte, verstößt er gegen § 22 a I BJG, wonach schwerkrankes oder krankgeschossenes Wild unverzüglich zu erlegen ist. Trägt er ihn an, verstößt er gegen das sachliche Verbot des Fangschusses mit Schrot. Nachdem die Pflicht zur Erlösung des Wildes von vermeidbaren Schmerzen dabei der (formalen) Pflicht zur Verwendung der bestimmungsgemäßen Waffe zweifellos vorgeht, ist insoweit von einer Rechtfertigung des Jägers und damit von der Zulässigkeit des Schrotfangschusses auszugehen.*

Achtung: *Flintenlaufgeschosse fallen nicht unter die sachlichen Verbote des § 19 I Nr. 1, 2 a, b BJG und dürfen daher auch bei der Jagd auf Schalenwild, so etwa bei einer Drückjagd auf Schwarzwild, verwendet werden. Es handelt sich dabei um Geschosse, die aus einem glatten Lauf (Flintenlauf) verschossen werden und aus einem dem Durchmesser des Laufes entsprechenden Geschoss bestehen.*

d. Verbote bei der Jagd mit Kugelwaffen (§ 19 I Nr. 2 BJG)

(1) Mindestauftreffenergie und Mindestkaliber (§ 19 I Nr. 2 a, b BJG)

Ein unverzügliches Töten des Wildes wird insbesondere auch durch eine hohe Auftreffenergie und ein starkes Kaliber des verwendeten Geschosses gewährleistet. Daher ist für die Bejagung von Rehwild eine Mindestenergie von 1000 Joule bei einer Entfernung des Zieles von 100 m von der Laufmündung (E 100) vorgeschrieben (z. B. Kaliber .222, .243, 9,3 x 72R „alte Försterpatrone"), für die Bejagung des übrigen Schalenwildes ein Mindestkaliber von 6,5 mm sowie eine Mindestenergie (E 100) des Geschosses von 2000 Joule (z. B. Kaliber 6,5 x 57, .270, *nicht:* 9,3 x 72R mangels Mindestenergie, .222 und .243 mangels Mindestkaliber).

Die Stärke des einzelnen Stückes (schwache Frischlinge, Gams- oder Rehkitze, Muffellämmer, Damkälber) ist dabei unerheblich. Auch unterliegt das Geschossgewicht keinen Einschränkungen im Rahmen der sachlichen Verbote.

(2) Halbautomatische und automatische Waffen (§ 19 I Nr. 2 c BJG)

Das Schießen auf Wild mit halbautomatischen Waffen (Halbautomaten), die mit mehr als drei Patronen geladen sind, oder mit vollautomatischen Waffen (Vollautomaten) ist verboten (siehe auch → Stichwort 83).

Darunter sind solche Schusswaffen zu verstehen, bei denen aus demselben Lauf mehrere Schüsse lediglich durch Betätigen des Abzugs, insbesondere also ohne Repetiervorgang, abgegeben werden können. Bei vollautomatischen Waffen werden solange Schüsse abgegeben, wie der Abzug durchgezogen bleibt (Dauerfeuer), wobei der Umgang mit Vollautomaten nach § 2 III WaffG (siehe Anlage 2, Abschnitt 1, Nr. 1.2.1.1) sowie nach dem Gesetz über die Kontrolle von Kriegswaffen ohnehin verboten ist, während bei einer halbautomatischen Waffe der Abzug vor Abgabe eines jeden Schusses erneut betätigt werden muss. Für die Jagd kommen mithin nur halbautomatische Langwaffen infrage, wobei sich höchstens drei Patronen in der Waffe befin-

den dürfen. Dieses Verbot bezieht sich nicht auf das sog. Schaftmagazin, da es sich dabei nur um eine Aufbewahrungsmöglichkeit für Patronen im Schaft der Waffe und um kein „Laden“ der Waffe handelt.
(3) Kurzwaffen (§ 19 I Nr. 2 d BJG)
Verboten ist die Jagd auf sämtliches Wild mit Kurzwaffen, also Pistolen und Revolvern.

Achtung: *Die waffenrechtliche Definition der Begriffe Lang- und Kurzwaffen findet sich in der Anlage 1 zu § 1 IV WaffG. Danach sind Langwaffen Schusswaffen, deren Lauf und Verschluss in geschlossener Stellung insgesamt länger als 30 cm sind und deren kürzeste bestimmungsgemäß verwendbare Gesamtlänge 60 cm überschreitet. Kurzwaffen sind alle anderen Schusswaffen* (→ Stichwort 83).

Ausgenommen von diesem Verbot sind ausschließlich die Bau- und Fallenjagd sowie die Abgabe von Fangschüssen, sofern die Mündungsenergie (E 0) der Geschosse mindestens 200 Joule beträgt.
Dies ist etwa bei Patronen im Kaliber 9 mm und .38 Spezial der Fall.

Achtung: *Nach dem Wortlaut des Gesetzes gilt diese Mindestmündungsenergie bei Fangschüssen auf sämtliches Wild. Es wird jedoch weitgehend die Meinung vertreten, dass sich, bei verständiger Auslegung, dieses Verbot lediglich auf Schalenwild bezieht. Insbesondere auch unter Berücksichtigung der tierschutzrechtlichen Belange macht es schlichtweg keinen Sinn, bei Fangschüssen auf kleines Haarwild eine Mündungsenergie von mindestens 200 Joule zu fordern.*

Die weidgerechte Erlegung krankgeschossenen oder schwerkranken Schalenwildes hat durch Fangschuss zu erfolgen. Das Abnicken des Wildes, also das Durchtrennen des Rückenmarks des weidwunden Wildes mit der Klinge (blanke oder kalte Waffe), widerspricht dem Grundsatz der Weidgerechtigkeit und ist mithin unzulässig, sofern die gefahrlose Anbringung eines Fangschusses als die schonendere Alternative möglich ist.

e. Treibjagd, Abklingeln und Lappjagd (§§ 19 I Nr. 3, 20, 33 I 2 BJG, Art. 29 II Nr. 4, 5 BayJG, § 12 AVBayJG, Art. 2 II Nr. 3 FTG)
Das verbotene Abklingeln von Feldern erfolgt durch mehrere Personen, die Glocken oder Büchsen entweder bei sich tragen oder eine damit versehene Leine über den Bewuchs ziehen, um das Wild zum Aufmachen zu veranlassen.

Bei einer Lappjagd wird das Wild durch Aufstellen oder Aufhängen von Gegenständen (z. B. farbige und stark riechende Stoff- oder Papierlappen, daher die Bezeichnung Lappjagd) dazu veranlasst, in eine bestimmte Richtung zu wechseln. Das BJG verbietet die Lappjagd lediglich in einem Bereich von weniger als 300 m von der Reviergrenze entfernt. Des Weiteren ist es verboten, Wild durch Lappen oder sonstige Mittel (z. B. Scheuchen) daran zu hindern, aus seinen oder in seine Tageseinstände zu wechseln; und zwar unabhängig von einer Lappjagd. Entsprechende anderweitige Maßnahmen mit dem Ziel, Wild zu verscheuchen, etwa zur Vermeidung von Wildschäden, fallen nicht unter dieses sachliche Verbot.

Sowohl das Abklingeln der Felder als auch die Lappjagd sind heute nahezu bedeutungslos.

Dies im Gegensatz zur Treibjagd (→ Stichwort 30), also einer Jagd, an der neben Schützen mehr als vier Personen als Treiber und Abwehrer teilnehmen (Art. 30 I BayJG) und die diversen gesetzlichen Verboten unterliegt (Treibjagdverbote). Die Ausübung der Treibjagd ist bei Mondschein verboten, um eine Beunruhigung des Wildes zur Nachtzeit zu verhindern, aber auch aus Sicherheitsgründen wegen der eingeschränkten Sichtverhältnisse. Des Weiteren darf eine Treibjagd außerhalb von Wildparken nicht auf Schalenwild, mit Ausnahme von Schwarzwild, ausgeübt werden, während alle anderen Jagdarten auch auf Schalenwild erlaubt sind, so insbesondere Drückjagden (→ Stichwort 30) etwa auf Reh- und Rotwild oder Riegeljagden auf Gamswild. Es dürfen aber höchstens vier Treiber oder Abwehrer teilnehmen, da sonst eine Treibjagd vorliegt. Ebenso wenig zulässig sind Treibjagden auf Feldern, die mit reifender Halm- oder Samenfrucht oder mit Tabak bestanden sind sowie während der ortsüblichen Zeiten der Hauptgottesdienste an Sonntagen und an gesetzlichen Feiertagen. Schließlich unterliegt aufgrund der Gefahrenträchtigkeit in besonderem Maße auch die Treibjagd dem Verbot des § 20 BJG, wonach bei einer Störung der öffentlichen Ruhe, Ordnung oder Sicherheit oder der Gefährdung des Lebens von Menschen, so beispielsweise bei Nebel, nicht gejagt werden darf. Das grundsätzlich bestehende Treib- und Suchjagdverbot auf Waldschnepfen im Frühjahr ist, zumindest derzeit, aufgrund der Jagdzeit vom 16.10. bis zum 15.01. bedeutungslos.

Regeln für die Durchführung von Treibjagden sind in der Unfallverhütungsvorschrift Jagd (→ Stichwort 95) niedergelegt und ergeben sich aus der sog.

Verkehrssicherungspflicht, wonach derjenige, der eine Gefahrenquelle schafft, für die Sicherheit der Beteiligten zu sorgen hat.

f. Nachtjagdverbot (§ 19 I Nr. 4 BJG, Art. 29 II Nr. 3, III Nr. 3 BayJG)
Es ist grundsätzlich verboten, Wild zur Nachtzeit, also eineinhalb Stunden nach Sonnenuntergang bis eineinhalb Stunden vor Sonnenaufgang (maßgeblich sind die Zeitangaben in den öffentlichen Medien, nicht die subjektive Einschätzung des Jägers), zu erlegen (Nachtjagdverbot). Ausgenommen hiervon sind Schwarzwild, Haarraubwild, Waldschnepfen, Möwen sowie Auer, Birk- und Rackelwild, wobei den Federwildarten in Bayern nahezu keine jagdliche Bedeutung zukommt. Raufußhühner sind ganzjährig geschont, die Jagdzeit für Waldschnepfen zum Schnepfenstrich im Frühjahr wurde aufgehoben und die Möwenpopulation ist gering. Die untere Jagdbehörde kann die Bejagung von Rotwild zur Nachtzeit, falls die Landeskultur eine Dezimierung der Rotwildbestände erfordert, zulassen.

g. Verbotene Hilfsmittel (§ 19 I Nr. 5 a, b BJG, § 40 III WaffG, Art. 29 II Nr. 7 BayJG, § 11 AVBayJG)
Bei den hier angeführten Verboten handelt es sich durchweg um unfaire und damit nicht weidgerechte Hilfsmittel, die entweder dem Wild keine Chance lassen oder schlichtweg als Tierquälerei einzustufen sind. Zu den verbotenen künstlichen Lichtquellen gehören insbesondere auch Taschenlampen und Autoscheinwerfer.
Für Schusswaffen bestimmte Nachtzielgeräte (mit Bildwandler oder elektronischer Verstärkung) sind im jagdlichen Einsatz ebenfalls verboten, Nachtsichtgeräte nur dann, wenn der Jäger über eine entsprechende Montagevorrichtung für die Schusswaffe verfügt, also das Gerät nicht nur zum erlaubten Beobachten, sondern zum Erlegen des Wildes genutzt wird. Waffenrechtlich ist zwar für jagdliche Zwecke der Einsatz von Nachtzieltechnik (Nachtsichtvorsätze und -aufsätze für Zielhilfsmittel) nach § 40 III WaffG erlaubt. Dennoch verbleibt es jagdrechtlich nach derzeitiger Rechtslage in Bayern bei den vorgenannten Verboten (→ Stichwort 84).

> **Achtung:** *Bei der Nachsuche und Abgabe eines Fangschusses ist der Einsatz von künstlichen Lichtquellen, ebenfalls aus Gründen der Weidgerechtigkeit, nach allgemeiner Auffassung erlaubt, trotz der anderslautenden Formulierung im Gesetz (... beim Erlegen von Wild ...).*

Zielfernrohre mit Leuchtabsehen sind erlaubt, da das Ziel nicht angestrahlt wird.
Das Gesetz verbietet nicht nur den Einsatz künstlicher Lichtquellen durch den Jäger, sondern darüber hinaus auch die Nutzung anderweitig vorhandener Lichtquellen (z. B. Straßenbeleuchtung, Flutlichtanlage).
Verboten ist auch die Fallenjagd auf Federwild sowie dessen Fang mit Netzen. Der Einsatz von Vögeln oder Vogelattrappen bei der Jagd auf Federwild ist indes grundsätzlich erlaubt. Ausgenommen hiervon ist – aus Tierschutzgründen geradezu selbstverständlich – der Einsatz geblendeter oder verstümmelter Lockvögel.
Die Jagd unter Verwendung von Narkosegewehren oder Schusswaffen mit Schalldämpfern ist nach Art. 29 II Nr. 7 BayJG grundsätzlich ebenfalls verboten. Da aber durch den Schussknall bei der Jagdausübung gesundheitliche Beeinträchtigungen am Hörvermögen ausgelöst werden können, werden Anträge auf Zulassung von Schalldämpfern zur Jagdausübung mit Jagdlangwaffen aus Gründen des Gesundheitsschutzes mittlerweile ohne nähere Prüfung des Einzelfalles genehmigt (siehe hierzu auch → Stichworte 83 und 84). Im Übrigen werden dadurch die durch den Schussknall hervorgerufenen weiteren Umweltbelastungen, etwa von Treibern, Hundeführern, Anwohnern, Hunden und Wild, deutlich reduziert.
Seit 01.04.2007 ist nach § 11 AVBayJG die Verwendung bleihaltiger Schrote bei der Jagd auf Wasserfederwild an und über Gewässern verboten.

h. Ausloben einer Belohnung (§ 19 I Nr. 6 BJG)
Belohnungen sind demnach nur für den Abschuss oder Fang von Federwild verboten, nicht aber von Haarwild.

i. Saufänge, Fang- und Fallgruben, Schlingen (§ 19 I Nr. 7, 8 BJG, § 12 AVBayJG)
Saufänge, also kleine Gatter, in denen Schwarzwild angekirrt und durch Falltüren eingefangen wird, bedürfen, ebenso wie Fang- und Fallgruben, der vorherigen behördlichen Genehmigung. Dies insbesondere aufgrund der Verletzungsgefahr für Menschen und andere Tierarten. Dieses Verbot gilt nicht in anerkannten Wildparken. Verboten ohne Genehmigungsvorbehalt ist generell der Umgang mit Schlingen, in denen sich Wild fangen kann.

j. Fallenjagd, Selbstschussgeräte (§ 19 I Nr. 9, Art. 28–29 a BayJG, §§ 12, 12 a–f AVBayJG, Vollzugsrichtlinie des BJV zur Fallenjagd)
Die Fallenjagd ist grundsätzlich verboten – mit Ausnahme der Jagd auf Haarraubwild und Wildkaninchen. Dies gilt nicht für die Jagdausübung in Wildparken. Die Ausübung der Fallenjagd setzt die Teilnahme an einem entsprechenden Lehrgang voraus – zum Nachweis der erforderlichen Kenntnisse insoweit. Es dürfen nur Fallen verwendet werden, die das Wild unversehrt fangen (z. B. Röhren- oder Kastenfallen) oder solche, die sofort töten, sog. Schlagfallen (z. B. Schwanenhals oder Eiabzugseisen). Fängisch gestellte Fallen für den Lebendfang sind täglich, je nach Fallentyp sogar mehrfach, zu kontrollieren. Die Verwendung von Schlagfallen ist der Jagdbehörde vorab anzuzeigen. Bei deren Einsatz müssen jede Gefährdung von Menschen und anderen als den zu fangenden Tieren ausgeschlossen werden. Sie dürfen daher nur in geschlossenen Räumen, Fangbunkern oder Fanggärten aufgestellt werden und müssen, um die Sicht von Greif- und Rabenvögeln auf den Köder zu verdecken, nach oben verblendet sein. Fangbunker sind Vorrichtungen, in denen eine Falle aufgestellt wird und die ein Berühren durch unbeteiligte Personen und ein Fangen ungewollter Tiere möglichst verhindert. Fanggärten sind begehbare bauliche Anlagen zur Aufnahme von Fallen mit demselben Zweck. Die Verwendung von Selbstschussgeräten ist verboten.

k. Notzeiten und Notlagen (§ 19 I Nr. 10, Art. 24, 29 II Nr. 6, IV BayJG, § 12 AVBayJG)
Es ist verboten, in Notzeiten Schalenwild in einem Umkreis von 200 m von Fütterungen zu erlegen. Dies gilt nicht in einem anerkannten Wildpark, in dem Schalenwild zu Jagdzwecken gehegt und durch Jagdhandlungen genutzt wird. Notzeiten sind Zeiten, in denen das Wild, insbesondere wegen der Witterungs- und Bodenverhältnisse, keine ausreichende natürliche Äsung erlangen kann. Fütterung ist das Ausbringen von Futtermitteln zur Erhaltung des Wildes. Hierzu zählen auch sog. Ablenkfütterungen, also meist flächig ausgebrachte Fütterungen im Wald, um Wildschäden im Feld, vor allem durch Schwarzwild, zu vermeiden. Äsungsflächen wie Wildäcker sind keine Fütterungen in diesem Sinn, ebenso wenig Kirrungen, also Anlockfütterungen mit kleinen Mengen an Futtermittel zum Zweck der Erlegung des Wildes. Die ausgebrachte Futtermenge sollte dabei die Tagesration des anzulockenden Wildtieres nicht überschreiten. Schalenwild darf dem-

entsprechend auch in der Notzeit an Kirrungen erlegt werden, was zurecht erheblichen Bedenken unter dem Gesichtspunkt der Weidgerechtigkeit begegnet. Außerhalb der Notzeit, also beispielsweise für die Jagd auf Rehwild, welches im Sommer an einer nicht beschickten Fütterung vorbeizieht, und für Wild, das nicht zum Schalenwild zählt, wie Raubwild am Luderplatz, gilt dieses Bejagungsverbot nicht, ist aber immer ergänzend unter dem Gesichtspunkt der Weidgerechtigkeit zu beurteilen.

> **Achtung:** *Auch bei einer im Nachbarrevier liegenden Fütterung ist dieses Bejagungsverbot im eigenen Revier zu beachten, sofern eine Entfernung von 200 m bis zur Reviergrenze unterschritten wird.*

Es ist darüber hinaus verboten, auf Wild, das durch Überflutungen, Lawinen oder sonstige Naturkatastrophen in Not geraten oder zum Verlassen der Einstände gezwungen worden ist, die Jagd auszuüben, sofern diese Not nicht nur durch Erlegen beendet werden kann.

l. Schuss aus Fahrzeugen (§ 19 I Nr. 11 BJG, Art. 29 II Nr. 8 BayJG)
Die Jagd, genauer das Beschießen und Erlegen von Wild, aus motorgetriebenen Fahrzeugen ist verboten. Der Schuss auf Nichtwild, also etwa auf eine Katze im Rahmen des Jagdschutzes (→ Stichwort 37), unterfällt mithin nicht diesem Verbot. Zu beachten ist in diesem Zusammenhang allerdings § 3 III UVV, wonach beim Besteigen von Fahrzeugen und während der Fahrt die Waffe entladen sein muss.
Das Auflegen der Waffe auf dem Fahrzeug (Autodach, Motorhaube etc.) oder der Schuss von der Ladefläche unterliegen nicht diesem Verbot. Körperbehinderten kann die Jagdbehörde das Beschießen von Wild aus Kraftfahrzeugen erlauben.

m. Hetzjagd (§ 19 I Nr. 13 BJG)
Es ist verboten, die Hetzjagd auf Wild auszuüben. Hetzjagd bedeutet jedes schnelle, unmittelbare Verfolgen von Wild in naher Sichtverbindung zum Zweck der Jagdausübung, auch mit Kraftfahrzeugen, durch Reiter oder Hunde etc. Hierunter fällt auch die Jagd mit Windhunden auf Sicht in offenem Gelände, die dem Wild an Geschwindigkeit überlegen sind, aber auch die vor allem in Frankreich und England praktizierte Parforcejagd, bei der eine Hundemeute und die berittenen Jäger das Wild bis zur vollständigen Erschöpfung hetzen, um es sodann abzufangen. Das Wildbret von stark ge-

hetztem Wild riecht und schmeckt bitter, verhitzt (verdirbt) leicht, fault schnell und wird zäh. Dies, da infolge von Sauerstoffmangel bei der Hetze eine CO_2-Erhöhung eintritt sowie der Glykogenverbrauch ansteigt und dadurch eine Fleischreifung verhindert wird. Nicht um eine Hetze, sondern um „Jagen“ handelt es sich, wenn der Hund ohne Sichtverbindung eine Fährte ausarbeitet. Die Hetze im Verlauf einer Nachsuche, auch mit Sichtverbindung, fällt nicht unter das Verbot der Hetzjagd, ebenso wenig Stöber- und Treibjagden, bei denen zwar das Wild von Hunden aus der Deckung gestöbert, aber nicht bis zur Erschöpfung gehetzt wird. Auch die Brackenjagd ist, vorbehaltlich der Einschränkung in § 19 I Nr. 16 BJG, erlaubt, da das Wild in größerer Entfernung vor dem laut jagenden Hund, weitgehend nicht sichtig, herzieht und immer wieder verhoffend schließlich seinen Einstand aufsucht, also nicht gehetzt wird.

n. Jagd auf Waldschnepfen (§ 19 I Nr. 14 BJG, § 1 I Nr. 23 JagdzeitV)
Im Frühjahr haben Waldschnepfen keine Jagdzeit, sondern vom 16.10. bis zum 15.01. Das diesbezügliche Such- und Treibjagdverbot ist mithin bedeutungslos.

o. Vergiftung (§ 19 I Nr. 15 BJG)
Es ist verboten, Wild zu vergiften oder vergiftete oder betäubende Köder zu verwenden. Das früher genehmigungsfähige Ausbringen von vergifteten Eiern gegenüber Rabenvögeln ist damit ebenfalls verboten. Auch bei der Bekämpfung von Nichtwild mit Gift ist sicherzustellen, dass kein Wild in Mitleidenschaft gezogen wird.

p. Brackenjagd (§ 19 I Nr. 16 BJG)
Für die Brackenjagd muss eine Fläche von mindestens 1000 ha zur Verfügung stehen. Es wird daher in der Regel revierübergreifend gejagt. Die Brackenjagd findet nahezu ausschließlich auf Feldhasen statt. Ein Laufhund verfolgt laut und langsam den Feldhasen, der nach einiger Zeit in einem sehr großen Bogen wieder an die Sasse zurückkehrt, wo sich der Jäger angestellt hat. Nicht an diese Mindestfläche gebunden ist die Suchjagd und das Stöbern mit Bracken.

q. Sammeln von Abwurfstangen (§ 19 Nr. 17, 15 I 2 BJG)
Zum Sammeln von Abwurfstangen ist kein Jagdschein, sondern lediglich die schriftliche Erlaubnis des Jagdausübungsberechtigten, erforderlich. Wer Abwurfstangen ohne diese Erlaubnis sammelt, verletzt fremdes Jagdausübungsrecht und erfüllt damit den Tatbestand der Jagdwilderei (§ 292 StGB).

r. Aussetzen von Wild und fremden Tierarten (§ 19 I Nr. 18, 28 II–IV BJG, Art. 34 BayJG, §§ 17, 20 AVBayJG, § 3 Nr. 4 TierSchG)
Eingefangenes oder aufgezogenes Wild später als vier Wochen vor Beginn der Jagdausübung auf dieses Wild auszusetzen, ist verboten.
Aussetzen bedeutet, dass zum Zwecke der Bestandsaufstockung oder des Umsetzens entweder in Gefangenschaft aufgewachsene oder eingefangene Tiere nach vorübergehender Gefangenschaft (Wildfänge) in die freie Natur entlassen werden. Mit dem Verbot soll dem ausgesetzten Wild Gelegenheit gegeben werden, sich mit dem neuen Umfeld vertraut zu machen und die Scheu vor dem Menschen wiederzugewinnen. Umstritten ist, ob mit „Beginn der Jagdausübung“ das Ende der Schonzeit des betreffenden Wildes oder der Zeitpunkt, zu dem nach dem Willen des Jagdausübungsberechtigten die Jagd auf dieses Wild ausgeübt werden soll, gemeint ist.
Des Weiteren ist das Aussetzen von Schwarzwild und Wildkaninchen ausnahmslos verboten, also beispielsweise auch die Wiederansiedelung nach einer Wildseuche. Dies insbesondere deshalb, da sich diese Wildtierarten schnell vermehren und aufgrund ihrer geselligen Lebensweise hohe Schäden anrichten können.
Schließlich bedarf das Aussetzen fremder Tierarten der schriftlichen Genehmigung der zuständigen obersten Landesbehörde. Tierarten gelten als fremd, wenn sie bei Inkrafttreten des BJG am 01.04.1953 in der BRD frei lebend nicht heimisch waren, wie etwa der Marderhund.

Achtung: *Als Neozoen werden dagegen allgemein sämtliche Tierarten bezeichnet, die seit der Entdeckung Amerikas im Jahr 1492 mit direkter oder indirekter menschlicher Einlussnahme in einem Gebiet heimisch werden, in dem sie ursprünglich nicht beheimatet waren, wie etwa Dam-, Sika- und Muffelwild, Wildkaninchen, Waschbär, Marderhund und Nutria. Die entsprechenden Pflanzenarten heißen Neophyten.*

Die Genehmigung wird nur erteilt, wenn eine Störung des biologischen Gleichgewichts und eine damit einhergehende Benachteiligung der heimischen Tier- und Pflanzenwelt oder eine Schädigung der Landeskultur oder Gefahren für die öffentliche Sicherheit und Ordnung nicht zu befürchten sind.
Aus denselben Gründen besteht diese Genehmigungspflicht auch für das Aussetzen folgender Wildtierarten:

- *Dam-, Sika-, Gams-, Stein- und Muffelwild*
- *Wildkatze und Luchs*
- *Fischotter*
- *Waschbär, Marderhund und Sumpfbiber (Nutria)*
- *Wildtruthühner*

Darüber hinaus ist das Aussetzen und Hegen von Rotwild außerhalb von Rotwildgebieten (§ 17 I AVBayJG, siehe auch → Stichwort 32) und Wildgehegen (→ Stichwort 41) verboten.
Zu beachten ist, ergänzend dazu das Tierschutzgesetz, wonach es verboten ist, *„ein gezüchtetes oder aufgezogenes Tier einer wild lebenden Art in der freien Natur auszusetzen oder anzusiedeln, das nicht auf die zum Überleben in dem vorgesehenen Lebensraum erforderliche artgemäße Nahrungsaufnahme vorbereitet und an das Klima angepasst ist“.*

27

Jagdgenossenschaft

(§§ 9, 10 BJG, Art. 11 BayJG, § 5 AVBayJG, Anlage 1 zu § 5 I AVBayJG)

Die Jagdgenossenschaft besteht aus den Eigentümern und dinglich Nutzungsberechtigten (Jagdgenossen), nicht Pächtern, der Grundflächen, die zu einem Gemeinschaftsjagdrevier gehören. Eigentümer (Nutznießer) von befriedeten Bezirken und von anderen Flächen, auf denen die Jagd dauerhaft nicht ausgeübt werden darf, gehören der Jagdgenossenschaft nicht an.
Die Jagdgenossenschaft entsteht kraft Gesetzes (Zwangsgenossenschaft, Zwangsmitgliedschaft der Jagdgenossen) und hat den Status einer Körperschaft des öffentlichen Rechts, die der staatlichen Aufsicht durch die untere

Jagdbehörde unterliegt (Art. 52 III BayJG). Sie wird durch den Jagdvorsteher außergerichtlich und gerichtlich vertreten. Solange kein Jagdvorsteher gewählt ist, übernimmt der Bürgermeister dessen Aufgaben. Die Jagdgenossenschaft ist grundsätzlich Inhaberin des Jagdausübungsrechts, verpachtet dieses Recht allerdings in der Regel, womit der Jagdpächter zum Jagdausübungsberechtigten wird. Alternativ kann die Jagdgenossenschaft ihr Jagdausübungsrecht auch selbst nutzen, etwa durch angestellte Jäger, oder, mit Zustimmung der Jagdbehörde, die Jagd ruhen lassen. Darüber hinaus beschließt die Jagdgenossenschaft u. a. über die Modalitäten der Verpachtung (→ Stichwort 19) des Reviers (öffentliche Versteigerung, öffentliche Ausbietung, freihändige Vergabe, Verlosung, Verlängerung des bisherigen Jagdpachtvertrages), die Verwendung des Ertrages aus der Jagdnutzung, die Finanzierung nicht gedeckten Bedarfs, die Abrundung, Zusammenlegung oder Teilung des Reviers, den Erwerb oder die Anpachtung von Grundflächen etc. Beschließt die Jagdgenossenschaft den Ertrag (Jagdpachtschilling) nicht an die Jagdgenossen entsprechend dem Verhältnis ihrer Flächenanteile zu verteilen, sondern anderweitig, beispielsweise für den Ausbau von Feld- und Waldwegen oder die Anschaffung von Maschinen zu verwenden, so kann jeder Jagdgenosse, der diesem Beschluss nicht zugestimmt hat, die Auszahlung seines Anteils binnen einer Ausschlussfrist von einem Monat verlangen.

Beispiel: *Bei einer Reviergröße von 600 ha und einem Jahrespachtzins von 3 000 € würde ein Jagdgenosse als Eigentümer oder Nutznießer einer jagdbaren Fläche von 20 ha also jährlich 100 € erhalten.*

Beschlüsse der Jagdgenossenschaft bedürfen sowohl der Mehrheit der anwesenden und vertretenen Jagdgenossen als auch der Mehrheit der bei der Beschlussfassung vertretenen Grundflächen.

Beispiel: *Bei einer Versammlung der Jagdgenossen, an der zehn Stimmberechtigte mit einer Fläche von zusammen 300 ha teilnehmen, sind also mindestens sechs Stimmen (Stimmenthaltungen sind Neinstimmen), die über mehr als 150 ha Fläche verfügen, zur Beschlussfassung erforderlich.*

Weitere Aufgaben der Jagdgenossenschaft sind u. a. die Führung eines Jagdkatasters, in dem die Eigentümer oder Nutznießer der zum Jagdgebiet gehörenden Grundflächen und deren Größe aufgeführt sind sowie die Sorge um die Erhaltung der Lebensgrundlagen des Wildes.

Die Jagdgenossenschaft ist verpflichtet, eine Satzung zu beschließen, die grundsätzlich von der unteren Jagdbehörde genehmigt werden muss. Die

Genehmigungspflicht entfällt, sofern die Mustersatzung des Staatsministeriums für Landwirtschaft, Ernährung und Forsten zur Anwendung kommt (Anlage 1 zu § 5 AVBayJG). Jede Satzung muss mindestens die in § 5 AVBayJG aufgeführten Vorschriften dieser Mustersatzung enthalten. Demnach bestehen die Organe der Jagdgenossenschaft zwingend aus der Versammlung der Jagdgenossen (Eigentümer oder Nutznießer der jagdbaren Flächen des Gemeinschaftsjagdreviers), dem Jagdvorstand und dem Jagdvorsteher, wobei Erstgenannte den Jagdvorsteher und dessen Vertreter samt zwei Beisitzern (Jagdvorstand), einen Schriftführer, einen Kassenführer und zwei Rechnungsprüfer wählt. Die Beisitzer können zugleich Schriftführer und Kassenführer sein. Der Jagdvorstand besteht ausschließlich aus Jagdgenossen, während Schrift- und Kassenführer sowie die Rechnungsprüfer nicht zwingend der Jagdgenossenschaft angehören müssen. Der Jagdvorstand wird für fünf Geschäftsjahre (Jagdjahre) gewählt. Er entscheidet mit einfacher Mehrheit, wobei zu seiner Beschlussfähigkeit mindestens drei von vier Mitgliedern anwesend sein müssen. Stimmenthaltungen sind nicht vorgesehen. Bei Stimmengleichheit entscheidet die Stimme des Jagdvorstehers. Die Beteiligung an der Aufstellung des Abschussplans ist eine der Hauptaufgaben des Jagdvorstandes. Der Jagdvorsteher ist der Vorsitzende des Jagdvorstandes. Er hat mindestens einmal jährlich eine Versammlung der Jagdgenossen einzuberufen.

Zur besseren Durchsetzung ihrer Interessen bilden die Eigentümer (Jagdgenossen) von Grundflächen, die einer Eigenjagd angegliedert werden, sofern es sich um mehr als 15 Personen handelt, eine sog. Angliederungsgenossenschaft, also eine eigene Jagdgenossenschaft.

28

Jagdschein

(§§ 15–18 a BJG, Art. 28 BayJG, §§ 13 VII, VIII, 27 V, 38 WaffG)

Der Jagdschein ist ein von der Jagdbehörde ausgestellter und zur Jagdausübung neben dem Jagdausübungsrecht (oder der Jagderlaubnis) erforderlicher Zulassungsschein (polizeiliches Personal- und Ausweispapier), welches bundesweit Gültigkeit hat. Er bestätigt, dass jagdpolizeiliche Bedenken gegen den Inhaber als Jäger nicht bestehen. Er ist bei der Jagdausübung mitzuführen und auf Verlangen den Polizeibeamten und Jagdschutzberechtigten auszuhändigen. Hilfsdienstleistende wie Treiber oder Abwehrer benötigen ebenso wenig einen Jagdschein wie Sammler von Abwurfstangen, die hierzu lediglich eine schriftliche Erlaubnis des Jagdausübungsberechtigten brauchen. Die Erteilung des Jagdscheins setzt grundsätzlich voraus, dass der Bewerber die Jägerprüfung bestanden hat und gegen ihn keine zwingenden Versagungsgründe vorliegen, wie etwa die Nichterfüllung der Altersgrenze von 18 Jahren (Jugendjagdschein: 16 Jahre), das Fehlen der erforderlichen Zuverlässigkeit, der körperlichen Eignung oder einer ausreichenden Jagdhaftpflichtversicherung, während u. a. bei schweren oder wiederholten Verstößen gegen die Weidgerechtigkeit die Erteilung eines Jagdscheins versagt werden kann. Die erforderliche Zuverlässigkeit besitzen im Wesentlichen die Personen nicht, bei denen von einem leichtfertigen Umgang mit Waffen und Munition auszugehen ist (absolute Unzuverlässigkeit). Insbesondere bei Vorstrafen im Zusammenhang mit dem Umgang mit Waffen oder Munition oder wegen jagd-, tierschutz- oder naturschutzrechtlicher Verstöße fehlt in der Regel die Zuverlässigkeit (Regelunzuverlässigkeit). Dies gilt allerdings nur bei einer Verurteilung zu einer Freiheitsstrafe, Jugendstrafe oder Geldstrafe von mindestens 60 Tagessätzen (→ Stichwort 45) oder mindestens zweimal zu einer geringeren Geldstrafe, wenn seit der letzten rechtskräftigen Verurteilung noch keine fünf Jahre verstrichen sind. Fehlen dem Antragsteller die Zuverlässigkeit oder die persönliche Eignung nach dem Waffengesetz (→ Stichwort 84), darf nur ein Falknerjagdschein erteilt werden. Bei einer Verurteilung wegen eines Verbrechens (→ Stichwort 45) oder wegen einer sonstigen vorsätzlichen Straftat zu einer Freiheitsstrafe von mindestens einem Jahr ist daher die nach dem Waffengesetz vorgesehene Sperrzeit für die Erteilung eines Jagdscheins von zehn Jahren maßgebend (§ 5 I Nr. 1 WaffG, § 17 I Nr. 4 Satz 2 BJG, siehe auch → Stichwort 84).

Die körperliche Eignung fehlt bei physischen und psychischen Einschränkungen, die eine sichere Jagdausübung beeinträchtigen (z. B. Sehschwäche trotz Korrektur, schwerwiegende Anfallsleiden, Amputationen, Jähzorn). In Zweifelsfällen kann die Jagdbehörde dem Antragsteller die Vorlage eines amts- oder fachärztlichen Gutachtens aufgeben. Sollten Versagungsgründe nach Erteilung des Jagdscheins bekannt werden, so kann die Jagdbehörde den Jagdschein auch im Nachhinein für ungültig erklären und einziehen.

In waffenrechtlicher Hinsicht berechtigt der Jahresjagdschein u. a. ohne Bedürfnisprüfung zum unbeschränkten Erwerb von Jagdlangwaffen, die binnen zwei Wochen zur Eintragung in die Waffenbesitzkarte angemeldet werden müssen sowie zum Erwerb von zwei Jagdkurzwaffen mit Voreintrag in der Waffenbesitzkarte. In Verbindung mit der Waffenbesitzkarte berechtigt der Jagdschein u. a. zum Führen von und Schießen mit Jagdwaffen im Rahmen der befugten Jagdausübung und des Jagdschutzes (siehe hierzu im Einzelnen → Stichworte 84–86).

Der Jagdschein wird erteilt als:

- *Jahresjagdschein* (Ein- oder Dreijahresjagdschein);
- *Tagesjagdschein* mit einer Gültigkeit von 14 aufeinanderfolgenden Tagen;
- *Ausländerjagdschein* (Jahres- oder Tagesjagdschein);
- *Falknerjagdschein* (Jahres- oder Tagesfalknerjagdschein) zur Ausübung der Beizjagd nach bestandener Falkner- und mindestens eingeschränkter Jägerprüfung;
- *Jugendjagdschein* für Personen, die das 16. Lebensjahr vollendet haben, aber noch nicht volljährig sind. Eine Zulassung zur Jägerprüfung kann frühestens mit Vollendung des 15. Lebensjahres, die Ausbildung bereits vorher erfolgen.

Achtung: *Der Jugendjagdschein unterliegt gegenüber dem Jagdschein diversen Einschränkungen.*

So ist die Jagdausübung nur in Begleitung des Erziehungsberechtigten oder einer von dieser schriftlich beauftragten Aufsichtsperson zulässig. Zudem muss diese Begleitperson jagdlich erfahren sein, also theoretische (bestandene Jägerprüfung) und praktische (Jagdausübung) Kenntnisse mitbringen. Des Weiteren berechtigt der Jugendjagdschein nicht zur Teilnahme an Gesellschaftsjagden (→ Stichwort 30), also an Jagden mit über vier Teilnehmern. Durch diese Einschränkung soll verhindert werden, dass der Jugendliche zu einer Gefahr für die Jagdgesellschaft wird, da er aufgrund seines Alters noch nicht die erforderliche Ruhe, Souveränität und Entschlusskraft mitbringt. Gegen einen Einsatz als Treiber spricht hingegen nichts. Auch eine Teilnahme an Nachsuchen (→ Stichwort 96) ist dem Jugendjagdscheininhaber, insbesondere aus Gründen einer möglichen Eigengefährdung, untersagt. Dem Jugendjagdscheininhaber wird keine Erlaubnis zum Erwerb und Besitz von Schusswaffen und Munition erteilt. Er darf Schusswaffen und die dafür bestimmte Munition nur während der Jagd und des

jagdlichen Schießtrainings einschließlich jagdlicher Schießwettkämpfe ohne Erlaubnis erwerben, besitzen, die Schusswaffen führen und damit schießen sowie im Zusammenhang mit diesen Tätigkeiten die Jagdwaffen nicht schussbereit ohne Erlaubnis führen. Dabei wird es sich in der Regel um Schusswaffen anderer Berechtigter (Leihwaffen) handeln. Dementsprechend dürfen Inhaber eines Jugendjagdscheines Jagdwaffen und -munition auch ohne jagdlich erfahrene Aufsichtsperson auf dem Weg zur Jagdausübung und zur Schießstätte nur getrennt und nicht zugriffsbereit ohne behördliche Erlaubnis transportieren (Nr. 13.7 WaffVwV). Jugendjagdscheine zählen hinsichtlich der Jagdpachtfähigkeit (→ Stichwort 22) nicht als Jahresjagdschein. Mit Vollendung des 18. Lebensjahres kann der nunmehr Volljährige seinen Jugendjagdschein in einen „normalen" Jagdschein umschreiben lassen. Bis dahin gelten die Bedingungen des Jugendjagdscheines.
Unter Aufsicht eines Ausbilders und nach Vollendung des 14. Lebensjahres dürfen Auszubildende zum Jäger, egal ob Jugendliche oder Volljährige, nicht schussbereite (→ Stichwort 83) Jagdwaffen ohne Erlaubnis erwerben, besitzen, führen und auf Schießständen schießen, sofern der Ausbildungsleiter durch seine Unterschrift in einer Berechtigungsbescheinigung sein Einverständnis erklärt hat. Bei jugendlichen Jagdscheinanwärtern muss diese Bescheinigung zusätzlich vom Sorgeberechtigten unterzeichnet sein. Diese Bescheinigung ist während der Ausbildung mitzuführen (§§ 13 VII, VIII, 27 V WaffG).

> **Achtung:** *Es gibt keinen Fallenjagdschein. Bewerber, die die Jagd mit Fallen ausüben wollen, haben die erforderlichen Kenntnisse durch die Teilnahme an einem Lehrgang für die Fallenjagd nachzuweisen, worüber lediglich eine schriftliche Bestätigung durch den Veranstalter ausgestellt wird (Art. 28 I 4 BayJG, § 8 JFPO).*

29

Mitzuführende Dokumente

(§ 15 I BJG, Art. 17 III BayJG, 38 WaffG)

Bei der Jagdausübung sind mitzuführen sowie den Polizeibeamten und Jagdschutzberechtigten auf Verlangen auszuhändigen:

a. Vom Revierinhaber: Jagdschein, Waffenbesitzkarte, Personalausweis oder Reisepass, ggf. Führerschein.
b. Vom Jagdgast zusätzlich: Jagderlaubnisschein – falls er nicht vom Revierinhaber, angestelltem Jäger oder Jagdaufseher begleitet wird.

Achtung: *Führt der Jäger eine Jagdlangwaffe, die er aufgrund des Jahresjagdscheins erlaubnisfrei, aber nicht nur vorübergehend erworben hat (→ Stichwort 85), genügt als Ausweis anstelle der WBK ein schriftlicher Nachweis darüber, dass die Anzeige- und Antragsfrist (→ Stichwort 88) noch nicht verstrichen ist (z. B. Kaufbeleg) oder ein Antrag auf Ausstellung einer WBK gestellt worden ist (z. B. Antragsformular mit Eingangsstempel der Behörde).*

Achtung: *Zum Sammeln von Abwurfstangen bedarf es nur der schriftlichen Erlaubnis des Jagdausübungsberechtigten.*

30

Gesellschaftsjagd, Treibjagd, Drückjagd

(Art. 30 BayJG)

Eine Treibjagd (siehe auch → Stichwort 26) ist eine Form der Jagdausübung, an der neben den Schützen mindestens fünf Treiber oder Abwehrer teilnehmen. Das Gesetz spricht von „Schützen“, also in der Mehrzahl, sodass auch mindestens zwei Jäger, insgesamt daher mindestens sieben Personen, an einer Treibjagd teilnehmen müssen. Abwehrer sind Treiber, die aufgestellt sind, um an einer bestimmten Stelle des Treibens Wild am Ausbrechen zu hindern.
Eine Gesellschaftsjagd liegt bereits vor, wenn mindestens fünf Personen am Jagdgeschehen teilnehmen, egal in welcher Funktion, sei es als Jäger, Treiber oder sonstige Helfer. Zuschauer sind insoweit allerdings ausgenommen, da sie nicht an der Jagd „teilnehmen“. Dementsprechend ist jede Treibjagd auch eine Gesellschaftsjagd, während eine Drückjagd (höchstens vier Treiber), je nach Anzahl der Teilnehmer, eine Gesellschaftsjagd sein kann.

31

Jagdabgabe

(Art. 2 II, 26, 27 BayJG)

Mit der Gebühr für den Jagdschein erhebt der Staat eine Jagdabgabe, die zur Förderung des Jagdwesens zu verwenden ist. Hierunter sind u. a. Maßnahmen zur Erhaltung und Verbesserung der Lebensgrundlagen des Wildes, die Errichtung und der Betrieb von Lehrrevieren oder die Erforschung von Möglichkeiten zur Wildschadensverhütung etc. zu verstehen. Der überwiegende Teil der Jagdabgabe fließt in Forschungsprojekte sowie an den Landesjagdverband Bayern e. V. zur Förderung der Jagd, wobei bei der Festlegung der Förderanteile der Jagdbeirat (→ Stichwort 44) der obersten Jagdbehörde anzuhören ist.

32

Abschussregelung

(§ 21 BJG, Art. 32, 51 BayJG, §§ 14–17, 29 a, 32 AVBayJG, Anlage 3 zu § 17 I AVBayJG, Hegerichtlinien)

Das Gesetz verlangt eine Abschussregelung für sämtliche jagdbaren Wildarten. Ziel ist die Erhaltung einer den natürlichen Verhältnissen angepassten (tragbaren) Wilddichte. Für Schalenwild, außer Schwarzwild, Auer-, Birk- und Rackelwild sowie Seehunde unterliegt diese Abschussplanung diversen Formvorschriften und ist schließlich behördlich zu bestätigen oder festzusetzen. Aber auch für den Abschuss sämtlicher anderer jagdbarer Wildarten trägt der Jagdausübungsberechtigte die Verantwortung und hat sachgerecht zu entscheiden, wann er beispielsweise die Bejagung von Hasen oder Fasanen einstellen muss oder Wildkaninchen trotz Aufzuchtszeit der Jungen bejagt.

Die Herausforderung bei der Abschussplanung liegt im Spannungsfeld zwischen den Ansprüchen der Land-, Forst- und Fischereiwirtschaft auf Schutz gegen Wildschäden („Wald vor Wild“) einerseits und andererseits dem Ziel, zugleich einen gesunden Wildbestand aller heimischen Wildarten in ange-

messener Zahl sowie den Schutz bestandsbedrohter Tierarten sicherzustellen („Wilderhaltungsgebot"). Der Anspruch auf einen Schutz vor Wildschäden besteht also nicht unbegrenzt, da zum einen nur *berechtigte* Ansprüche auf Schutz gegen Wildschäden Vorrang genießen und Wildschäden auch nur *möglichst* zu vermeiden sind (§ 1 II 2 BJG) sowie darüber hinaus die Belange von Naturschutz und Landschaftspflege zu berücksichtigen sind. Dadurch wird der grundsätzliche Vorrang des Schutzes vor Wildschäden dahin gehend relativiert, dass keine Verpflichtung zu einem Totalabschuss besteht, sondern eine inhaltlich begrenzte Pflicht des Grundeigentümers zur Duldung tragbarer Wildschäden, die unter bestimmten Voraussetzungen ersatzfähig sind (→ Stichwort 40).
Schalenwild, außer Schwarzwild, sowie Auer-, Birk-, Rackelwild und Seehunde dürfen nur im Rahmen eines Abschussplanes erlegt werden (Abschussplanpflichtiges Wild). Mangels Jagdzeit von Stein- und Elchwild, Wisent, Auer-, Birk-, Rackelwild (Raufußhühner) und Seehunden, ist derzeit lediglich der Abschuss von Reh-, Rot-, Sika-, Dam-, Gams- und Muffelwild Gegenstand dieser förmlichen Abschussplanung. Eine Ausnahmeregelung gilt in diesem Zusammenhang für das Rotwild. Es gibt ausgewiesene Rotwildgebiete. Welche Gebiete dies sind, ist in Anlage 3 zu § 17 I AVBayJG festgelegt. Jagdreviere, die außerhalb eines Rotwildgebiets oder eines Wildgeheges (→ Stichwort 41) liegen, sind rotwildfrei zu machen (rotwildfreie Gebiete) – d. h. Rotwild ist dort ohne Abschussplan zu erlegen und darf darüber hinaus auch nicht gehegt oder ausgesetzt werden.
Beispiel: *In einem außerhalb eines Rotwildgebietes liegenden Jagdrevier mit einem bestätigten Abschussplan für Rehwild darf (und muss) zur Jagdzeit angesprochenes Rotwild erlegt, jedoch Dam-, Sika-, Muffel- und Gamswild nicht erlegt werden.*
Sollte Rotwild allerdings ernstlich Not leiden, so kann ein Verstoß gegen das Hege- und damit auch Fütterungsverbot aus Gründen der Weidgerechtigkeit und des Tierschutzes gerechtfertigt sein.
Der Abschussplan ist nach einem gesetzlich vorgegebenen Verfahren mit mehreren Beteiligten zu erstellen. Er ist für Gamswild bis spätestens 30.06, für die anderen abschussplanpflichtigen Wildarten bis spätestens 10.04., bei der unteren Jagdbehörde einzureichen (Einreichungsfrist). Er ist vom Jagdausübungsberechtigten, bei verpachteten Gemeinschaftsjagdrevieren im Einvernehmen mit dem Jagdvorstand, bei verpachteten Eigenjagdrevieren im Einvernehmen mit dem Eigentümer oder Nutznießer, aufzustellen, in-

nerhalb von Hegegemeinschaften (→ Stichwort 33) mit den Abschussplanvorschlägen der anderen Jagdausübungsberechtigten abzustimmen und von der Jagdbehörde im Einvernehmen mit dem Jagdbeirat zu bestätigen oder festzusetzen. Einvernehmen bedeutet, dass eine Einigung über die Abschussquote erzielt wird. Sollten sich die untere Jagdbehörde und der Jagdbeirat nicht einigen können, entscheidet die höhere Jagdbehörde (→ Stichwort 43). Bei der Bestätigung wird die in dem eingereichten Abschussplan enthaltene Abschussquote übernommen, bei der Festsetzung wird eine Änderung vorgenommen, falls beispielsweise der Revierinhaber zu viel männliches oder zu wenig weibliches Wild erlegen will.
Gegen die Festsetzung können sowohl die Jagdgenossenschaft und die einzelnen Jagdgenossen bzw. der Eigentümer oder Nutznießer eines Eigenjagdreviers, als auch der Revierpächter und sogar die Hegegemeinschaft Widerspruch und, sollte die Jagdbehörde diesem Widerspruch nicht abhelfen, anschließend Klage zum Verwaltungsgericht erheben. Eine unzureichende Festsetzung kann im Übrigen Amtshaftungsansprüche eines Jagdgenossen bei Schäden durch überhöhte Wildbestände begründen.
Die Laufzeit des Abschussplans beträgt ein Jagdjahr (01.04. bis 31.03.), bei Rehwild drei Jagdjahre. Er ist für jede Wildart getrennt zu erstellen, und zwar gegliedert nach männlichem Wild (bei Rot- und Damwild unterteilt in die Klassen I, II a, b und III, bei Gams- und Muffelwild in die Klassen I a, b und II a, b), weiblichem Wild und Nachwuchs (Wildklassifizierung). Die Einzelheiten zur Aufstellung, Prüfung und Durchführung der Abschussplanung ist in den Hegerichtlinien geregelt. Danach sollen 50 % des Gesamtabschusses auf den Zuwachs, 25 % auf die Jugendklasse (bei Rehwild einjährige Stücke), 10 % auf die mittlere Altersklasse (bei Rehwild Böcke zwei- bis vierjährig, Geißen zwei- bis sechsjährig) und 15 % auf die obere Altersklasse (bei Rehwild Böcke fünfjährig und älter, Geißen siebenjährig und älter) entfallen.
Beispiel: *Bei einem vorgesehenen Gesamtabschuss von 80 Stück Rehwild im Dreijahresabschussplan sollten 40 Kitze, 20 einjährige Rehe, 8 Stücke aus der mittleren und 12 Stücke aus der oberen Altersklasse in den drei Jahren erlegt werden, wobei für die Erfüllung des Abschussplanes der Dreijahreszeitraum maßgebend ist, also der jährliche Abschuss nicht exakt ein Drittel hiervon betragen muss, es sei denn, der Verbiss im letzten Vegetationsgutachten wurde mit „zu hoch“ oder „deutlich zu hoch“ bewertet.*
In diesen Fällen hat der Revierinhaber jährlich mindestens ein Drittel des bestätigten oder festgesetzten Dreijahresabschusses zu erfüllen.

In Revieren, die nach dem letzten Vegetationsgutachten in einer Hegegemeinschaft mit der Verbissbewertung „tragbar“ oder „günstig“ liegen, kann der Revierinhaber ohne behördliche Zustimmung vom Abschussplan für Rehwild nach oben und unten um jeweils 20 %, bei Bewertungen „zu hoch“ um bis zu 20 % und „deutlich zu hoch“ um bis zu 30 % nach oben abweichen (flexible Abschussplanerfüllung).
Anstelle eines älteren Stückes kann auch ein Stück aus einer jüngeren Klasse oder dem Zuwachs erlegt werden. Bei dem in Klassen eingeteilten Schalenwild kann auch anstatt eines Stückes der älteren oder stärkeren Klasse eines aus der jüngeren oder schwächeren oder aus dem Zuwachs erlegt werden, jedoch keines aus der Klasse II a.
Beispiel: *Statt eines Gamsbocks der Klasse I a kann einer der Klasse I b oder II b, statt eines Hirschs der Klasse I einer der Klasse II b oder III erlegt werden.*
Darüber hinaus kann statt einem männlichen ein weibliches Stück erlegt werden. Schließlich können auch schlecht veranlagte einjährige männliche Stücke, z. B. Knopfböcke, anstatt eines weiblichen Stückes erlegt und auf den weiblichen Abschuss angerechnet werden, sofern der Abschuss an weiblichem Wild nicht erfüllt werden kann und das erwünschte Geschlechterverhältnis von 1 : 1 (bei Gamswild erhöhter Anteil des weiblichen Wildes) dadurch nicht gestört wird.
Eine wesentliche Grundlage der Abschussplanerstellung ist der vorrangig zu berücksichtigende Zustand der Vegetation, insbesondere der Waldverjüngung, daneben die körperliche Verfassung des Wildes. Der Beurteilung des Zustandes der Waldvegetation als Weiser für die Tragbarkeit der Schalenwilddichte dienen die von den Ämtern für Ernährung, Landwirtschaft und Forsten (ÄELF) alle drei Jahre für die rund 750 bayerischen Hegegemeinschaften zu erstellenden Vegetationsgutachten zur Situation der Waldverjüngung. Es werden dabei stichpunktmäßig Probeflächen ausgesucht, auf denen die Anzahl der von Schalenwild verbissenen Pflanzen bis zu einer bestimmten Höhe im Vergleich zu den nicht verbissenen festgehalten wird. Aufgrund der so gewonnenen Zahlen werden sodann Abschussempfehlungen abgegeben, die den Beteiligten als Hilfsmittel bei der Abschussplanung dienen. Dieses Verfahren der forstlichen Gutachten existiert seit 1986.
Der Jagdausübungsberechtigte muss den Abschuss und Fang exakt erfassen. Hierzu hat er über den Abschuss/Fang sämtlichen Wildes eine Streckenliste zu führen. Diese ist in die Liste A für Schalenwild und B für sonstiges Wild unterteilt. In die Streckenliste ist auch alles sonst verendet aufgefundene

Wild, beim Schalenwild jedoch mit Ausnahme des vor Beginn seiner Jagdzeit gefallenen, im ersten Lebensjahr stehenden Jungwildes, einzutragen.
Beispiel: *Ein im August im Jagdrevier aufgefundenes, verendetes Rehkitz muss nicht in die Streckenliste A eingetragen werden, da es noch keine Jagdzeit (01.09. bis 15.01.) hatte.*
Die Eintragungen in die Liste A sind innerhalb einer Woche, die in Liste B vor Ablauf des Jagdjahres vorzunehmen. Die Streckenliste ist der unteren Jagdbehörde bis zum 10.04. vorzulegen.
Über erlegtes oder anderweitig zu Tode gekommenes Rotwild (verendetes Wild, Fallwild) ist der unteren Jagdbehörde außerdem innerhalb einer Woche eine Abschussmeldung zu machen.
Zur Abschusskontrolle, also zur Feststellung, ob der Jagdausübungsberechtigte seine Abschussverpflichtungen ordnungsgemäß erfüllt, stehen der Jagdbehörde folgende Mittel zur Verfügung:

- *Streckenliste*
- *Abschussmeldungen*
- *Zwischenmeldungen*
- *Wildvorlage*
- *Hegeschau*

Die Streckenliste ist der Jagdbehörde jederzeit auf Verlangen, die Abschussmeldung jeweils binnen einer Woche vorzulegen. Daneben kann die Jagdbehörde Zwischenmeldungen über den Stand der Abschussplanerfüllung sowie die Vorlage des erlegten Wildes oder Teile dessen (z. B. Unterkiefer weiblicher Stücke) verlangen. Schließlich sind die Revierinhaber verpflichtet, den Kopfschmuck des gesamten in ihren Jagdrevieren im letzten Jagdjahr erlegten oder anderweitig zu Tode gekommenen Schalenwildes bei der öffentlichen Hegeschau vorzulegen. Diese findet einmal jährlich statt und obliegt den anerkannten Vereinigungen der Jäger (→ Stichwort 44), in Bayern dem Landesjagdverband Bayern e. V. (BJV). Ausrichter sind die BJV-Kreisgruppen. Neben der Überwachung der Erfüllung der Abschusspläne hat die Hegeschau u. a. die Aufgaben, Daten über die Revierverhältnisse, das erlegte Wild, den Wildbestand sowie die Abschuss- und Fangergebnisse zu erheben und insbesondere Informationen zu vermitteln zur:

- Wildschadenssituation,
- Waldverjüngung,
- Erfüllung der Abschusspläne,

- körperlichen Verfassung des Wildes,
- Entwicklung der Wildbestände,
- Bestandsentwicklung der nichtabschussplanpflichtigen Wildarten und
- Verbesserung der Lebensbedingungen der frei lebenden Tierwelt.

Der bestätigte oder festgesetzte Abschussplan muss erfüllt werden (Erfüllungsgspflicht).
Der Jagdausübungsberechtigte ist insoweit gehalten, notfalls seine jagdlichen Bemühungen auszuweiten und beispielsweise weitere Mitjäger zu verpflichten, die Zahl der Ansitzjagden zu erhöhen etc. Widrigenfalls ist die Jagdbehörde gehalten, Anordnungen zur Abschusserfüllung zu treffen (Verwaltungszwang). Dies könnte beispielsweise dadurch geschehen, dass ein Zwangsgeld verhängt oder im äußersten Fall ein Teil des Abschusses durch Dritte, etwa die Nachbarrevierinhaber, auf Rechnung des Jagdausübungsberechtigten, getätigt wird (Ersatzvornahme). Die vorherige Androhung eines Zwangsgeldes ist wegen der Eilbedürftigkeit der Anordnungen nicht erforderlich.
Ändern sich im Nachhinein die für den Abschussplan maßgeblichen Grundlagen, besteht nach Anhörung aller Beteiligten die grundsätzliche Möglichkeit der Anpassung, also Erhöhung oder Verminderung der Abschusszahlen auf Antrag, beispielsweise des Revierpächters, der im ersten oder zweiten Jagdjahr trotz aller Bemühungen feststellt, den erforderlichen Rehwildabschuss nicht erfüllen zu können, oder von Amts wegen.
Zur Bestandserhaltung, also etwa bei starkem Rückgang einer Wildart, nach Überschwemmungen oder Waldbränden, kann die Jagdbehörde, nach vorheriger Anhörung des Revierinhabers, ein gänzliches Abschussverbot erteilen. Ein Verstoß dagegen wird als Straftat mit einer Freiheitsstrafe bis zu fünf Jahren oder einer Geldstrafe geahndet.

33

Hegegemeinschaft

(§ 10 a, 21 II BJG, Art. 13 BayJG, § 7 AVBayJG, Punkt I. 3. der Hegerichtlinien, Hegegemeinschaftsordnung)

Hegegemeinschaften sind definiert als freiwillige, privatrechtliche Zusammenschlüsse (in der Regel nichtrechtsfähige Vereine) der Jagdausübungsberechtigten mehrerer zusammenhängender Jagdreviere, die einen bestimmten Lebensraum für das Wild darstellen. Dies vor dem Hintergrund, dass einzelne Jagdreviere, insbesondere aufgrund ihrer zu geringen Flächen, in der Regel keine erfolgreiche Wildhege und großräumige Abschussregelung ermöglichen. Ein zwangsweiser Zusammenschluss zu einer Hegegemeinschaft durch behördliche Anordnung ist in Bayern gesetzlich nicht vorgesehen. Welche Jagdreviere der Hegegemeinschaft angehören (räumlicher Wirkungskreis) wird durch Rechtsverordnung der unteren Jagdbehörde, bei Hegegemeinschaften, die zum Zweck der Hege und Bejagung von Hochwild (Hochwildhegegemeinschaften) gebildet werden, von der höheren Jagdbehörde, jeweils im Einvernehmen mit den anerkannten Vereinigungen der Jäger (→ Stichwort 44) und nach Anhörung der anerkannten Berufsorganisationen der bayerischen Land- und Forstwirtschaft, festgelegt. Hochwildhegegemeinschaften sollen nur innerhalb von Rotwildgebieten (Anlage 3 zu § 17 AVBayJG) ausgewiesen werden. Bei der räumlichen Abgrenzung sind u. a. die Einstände des Wildes, die Wege zwischen Einstand und Äsung, die landschaftlichen Verhältnisse und natürlichen Grenzen zu berücksichtigen. Jagdreviere dürfen dabei grundsätzlich nicht aufgeteilt werden. Es ist Aufgabe der anerkannten Vereinigungen der Jäger, diese Zusammenschlüsse zu organisieren.

Aufgaben der Hegegemeinschaften sind beispielsweise Hegemaßnahmen in den einzelnen Jagdrevieren abzustimmen und gemeinsam durchzuführen, bei der Wildbestandsermittlung mitzuwirken, die Abschussplanvorschläge aufeinander abzustimmen und auf deren Erfüllung hinzuwirken. Zusätzliche Aufgaben und Formvorschriften sind in der Satzung der Hegegemeinschaft, der Hegegemeinschaftsordnung, aufgeführt. Die Mitglieder der Hegegemeinschaft, also die ihr angehörenden Revierinhaber, wählen einen Hegegemeinschaftsleiter und dessen Stellvertreter mit Kopf- und Flächenmehrheit auf die Dauer von fünf Jahren. Organe der Hegegemeinschaft sind

der Hegegemeinschaftsleiter und dessen Stellvertreter (Vorstand) sowie die Hegegemeinschaftsversammlung. An den Beratungen sind auch die Jagdvorstände sowie Inhaber oder Nutznießer von Eigenjagden zu beteiligen, insbesondere zur Erzielung eines Einvernehmens über die Abschussquote nach vorheriger Beratung.
Zu unterscheiden von den Hegegemeinschaften sind die sog. Hegeringe. Dabei handelt es sich um die kleinste Organisationseinheit der Landesjagdverbände.

34

Jagd- und Schonzeiten

(§ 22, 22a BJG, Art. 33 BayJG, §§ 18, 19 AVBayJG, JagdzeitV, AAV)

Grundsätzlich ist Wild ganzjährig mit der Jagd zu verschonen. Wer dagegen verstößt, macht sich strafbar oder begeht zumindest eine Ordnungswidrigkeit (→ Stichwort 45).
Eine Ausnahme hiervon gilt ausschließlich für die Wildarten, für die in der JagdzeitV und in § 19 AVBayJG Jagdzeiten festgesetzt wurden sowie für Wildarten ohne Schonzeit (Schwarzwild, Wildkaninchen, Füchse, Waschbär, Marderhund und Sumpfbiber (Nutria)), welches das ganze Jahr über bejagt werden darf. Längst nicht alle wild lebenden Tiere, die dem Jagdrecht unterliegen („Wild"), haben also Jagdzeiten. So sind etwa Steinwild, Luchs, Wildkatze, Fischotter, Murmeltier, Schneehase, Kolkrabe, Taggreifen, Auer-, Birk- und Rackelwild etc. das ganze Jahr über zu schonen.
Exkurs: *Das gegenteilige Prinzip liegt dem Fischereirecht zugrunde. Dort besteht grundsätzlich eine ganzjährige Fangerlaubnis. Eine Ausnahme hiervon gilt nur für die Fischarten, für die Fangbeschränkungen nach Zeit (Schonzeiten) und Maß (Schonmaße) festgesetzt wurden.*
Besonderen Schutz genießen die für die Aufzucht notwendigen Elterntiere, auch die von Wild ohne Schonzeit, in den Setz- und Brutzeiten bis zum selbstständig werden der Jungtiere durch ein striktes Bejagungsverbot. Dadurch soll verhindert werden, dass der Zuwachs durch die Bejagung der Elterntiere leidet oder zu Tode kommt. Welche Zeiträume als Setz- und Brutzeiten gelten und wann von einem selbstständig werden der Jungtiere auszugehen ist, wurde nicht gesetzlich festgelegt. Es obliegt damit dem Jäger, je

nach Wildart zu prüfen, ob die entsprechenden Voraussetzungen vorliegen. Als grober Anhaltspunkt gilt als Setzzeit von Haarwild der Zeitraum von Anfang März bis Mitte Juni, als Brutzeit von Federwild der Zeitraum von Anfang April bis Mitte Juli. Umstritten ist, ab wann von einem selbstständig werden der Jungtiere gesprochen werden kann. Nach zutreffender Auffassung ist dieser Begriff aus Gründen der Weidgerechtigkeit und des Tierschutzes (→ Stichwort: 46, Tierschutz als Staatsziel), aber auch aufgrund der Tatsache, dass ein Verstoß, selbst bei fahrlässiger Begehung, strafrechtlich relevant ist, weit auszulegen, sodass von einem Bejagungsverbot nicht nur während der Zeit der unmittelbaren Aufzucht, sondern auch in der anschließenden Zeit der Betreuung des Jungtieres auszugehen ist. So ist bei Rotwild das selbstständig werden frühestens zum Winterende abgeschlossen; erst dann endet auch das Bejagungsverbot hinsichtlich des führenden Elterntieres. Bei einem vorzeitigen Erlegen des Muttertieres würde das Kalb verhungern, aus dem Familienverbund ausgeschlossen und sozial isoliert sein. Rehkitze werden bis November/Dezember des Geburtsjahres gesäugt und bis in das Frühjahr des Folgejahres von den Geißen geführt; erst dann sind die Kitze selbstständig und die führenden Geißen dürfen wieder bejagt werden. Auch darf beispielsweise im August, trotz Jagdzeit, eine führende Bache nicht erlegt werden, da sie für die Aufzucht der Frischlinge erforderlich ist.

> **Achtung:** *Je nach Wildart (z. B. Fuchs) sind beide Elterntiere für die Aufzucht notwendig, sodass sowohl Mutter- als auch Vatertier dem Bejagungsverbot unterliegen. Auch bei den Tauben sind zwar beide Elterntiere an der Aufzucht beteiligt. Mangels Jagdzeit (01.11.–20.02.) kommt allerdings während der Brut- und Aufzuchtszeit eine Bejagung ohnehin nicht infrage. In Folge der EG-Vogelschutzrichtlinie wurden im Übrigen die Jagdzeiten für Federwild generell verkürzt, sodass die Brut- und Aufzuchtszeiten in der Schonzeit liegen.*

Dagegen ist die Bejagung der Jungtiere auch vor deren selbstständig werden erlaubt, also z. B. der Fuchswelpen am Bau. Nach Erlegen sämtlicher Jungtiere dürfen auch die Elterntiere bejagt werden.

Bei Wildkaninchen, Waschbär und Marderhund dürfen die für die Aufzucht notwendigen Elterntiere ausnahmsweise auch während der Setz- und Aufzuchtszeit bejagt werden. Begründet wird dies damit, dass Wildkaninchen auch unterjährig Junge im Bau haben und damit ein Abschuss der Muttertiere nie gänzlich vermieden werden könnte, während Waschbär und Marderhund in der hiesigen Fauna unerwünschte Zuwanderer (Neozoen) sind. Dennoch ist aus

Gründen der Weidgerechtigkeit und des Tierschutzes tunlichst darauf zu achten, auch insoweit keine für die Aufzucht notwendigen Elterntiere zu erlegen. Zusammenfassend ist mithin zu unterscheiden zwischen Wildarten, die

a. ganzjährig ohne Einschränkung bejagt werden dürfen: *Wildkaninchen, Waschbär, Marderhund.*
b. ganzjährig, mit Ausnahme der für die Aufzucht notwendigen Elterntiere in den Setz- und Brutzeiten bis zum selbstständig werden der Jungtiere, bejagt werden dürfen: *Schwarzwild, Füchse, Sumpfbiber (Nutria).*
c. ganzjährig nicht bejagt werden dürfen (Wild ohne Jagdzeit): z. B. *Steinwild, Luchs, Wildkatze, Fischotter, Murmeltier, Schneehase, Elch, Wisent, Seehunde, Kolkrabe, Taggreifen, Auer-, Birk- und Rackelwild etc.*
d. nur während der Jagdzeiten, mit Ausnahme der für die Aufzucht notwendigen Elterntiere in den Setz- und Brutzeiten bis zum selbstständig werden der Jungtiere, bejagt werden dürfen. *Diese Wildarten und deren Jagdzeiten in Bayern sind nachfolgend im Einzelnen aufgeführt:*

Tabelle 2 Wildarten und deren Jagdzeiten in Bayern – Haarwild

Wildart	Altersklasse	Jagdzeit
Rotwild	Kälber, Hirsche, Alttiere	01.08.–31.01.
	Schmaltiere, Schmalspießer	01.06.–31.01.
Dam-, Sikawild	Kälber, Hirsche, Alttiere	01.09.–31.01.
	Schmaltiere, Schmalspießer	01.07.–31.01.
Rehwild	Kitze, Geißen	01.09.–15.01.
	Schmalrehe	01.05.–15.01.
	Böcke	01.05.–15.10.
Gamswild		01.08.–15.12.
Muffelwild		01.08.–31.01.
Feldhasen		16.10.–31.12.
Stein-, Baummarder		16.10.–28.02.
Iltisse, Hermeline, Mauswiesel		01.08.–28.02.
Dachse		01.08.–31.10.

Tabelle 3 Wildarten und deren Jagdzeiten in Bayern – Federwild

Wildart	Jagdzeit
Rebhühner	01.09.–31.10.
Fasanen	01.10.–31.12.
Wildtruthähne	15.03.–15.05.
Wildtruthähne und -hennen	01.10.–15.01.
Ringel-, Türkentauben	01.11.–20.02.
Höckerschwäne	01.11.–20.02.
Grau-, Kanada-, Nilgänse	01.08.–15.01.
Bläss-, Saat-, Ringelgänse	01.11.–15.01.
Stockenten	01.09.–15.01.
Pfeif-, Krick-, Spieß-, Berg-, Reiher-, Tafel-, Samt-, Trauerenten	01.10.–15.01.
Waldschnepfen	16.10.–15.01.
Blässhühner	11.09.–20.02.
Lach-, Sturm-, Silber-, Mantel-, Heringsmöwen	01.10.–10.02.
Eichelhäher, Elster, Rabenkrähe	16.07.–14.03.
Graureiher (nur im Umkreis von 200 m um geschlossene Gewässer)	16.09.–31.10.

Die Entnahme von Kormoranen und Bibern aus der Natur (unterliegen beide nicht dem Jagdrecht) ist in der AAV (Artenschutzrechtliche Ausnahmeverordnung) geregelt. Grundsätzlich ist es nach § 44 I BNatSchG u. a. verboten, Kormorane durch Abschuss zu töten sowie Bibern nachzustellen, sie zu fangen und zu töten, es sei denn, die in § 1 AAV (Kormoran) bzw. § 2 AAV (Biber) genannten Voraussetzungen liegen vor.
Danach ist zur Abwendung erheblicher fischereiwirtschaftlicher Schäden und zum Schutz der heimischen Tierwelt der Abschuss von Kormoranen durch Jäger in einem Umkreis von 200 m um Gewässer in der Zeit vom 16.06. bis 14.03., in Schonbezirken (Art. 70 BayFiG) und in geschlossenen, also insbesondere künstlich angelegten Gewässern (Art. 2 BayFiG), bis

31.03., erlaubt. Nicht bejagt werden darf der Kormoran, teilweise unter Übernahme der jagdrechtlichen Verbote, in befriedeten Bezirken (→ Stichwort 25), Nationalparken, Naturschutzgebieten und Europäischen Vogelschutzgebieten (→ Stichwort 63) sowie zur Nachtzeit (→ Stichwort 26) und unter Verwendung von Bleischrot (→ Stichwort 26). Der Berichtspflicht gegenüber der unteren Jagdbehörde ist durch ein Einlegeblatt zur Streckenliste (→ Stichwort 32) nachzukommen, auf dem Abschussort und -datum sowie die Anzahl der geschossenen Kormorane, gegebenenfalls mit Ringnummern, einzutragen sind.
Bibern nachzustellen, sie zu fangen oder zu töten ist zur Abwendung erheblicher wirtschaftlicher Schäden sowie aus Gründen der öffentlichen Sicherheit in der Zeit vom 01.09. bis 15.03. in bestimmten durch die AAV oder behördlich festgelegten Bereichen gestattet. Nicht erlaubt ist der Abschuss insbesondere in Naturschutzgebieten, Nationalparken und Europäischen Vogelschutzgebieten. Zu den Maßnahmen berechtigt sind kundige und von der unteren Naturschutzbehörde bestellte Personen, also nicht zwangsläufig der Jäger, wie beim Abschuss der Kormorane. Ein Abschuss hat allerdings im Benehmen mit dem Jagdausübungsberechtigten zu erfolgen. Der Biber ist das größte Nagetier Europas und nach dem Südamerikanischen Wasserschwein das zweitgrößte weltweit. Mit einer Länge von bis zu 1,40 m und einem Gewicht von bis zu 40 kg kann er schwerer werden als ein Reh. Es müssen daher Hochwildpatronen verwendet werden und beim Einsatz der Kurzwaffe (Töten in der Falle) sind die Bestimmungen für den Fangschuss einzuhalten (→ Stichwort 26). Fang- und Abschussort sowie -datum, Anzahl der betroffenen Biber sowie Informationen über deren Entsorgung bzw. Verbleib sind unverzüglich der unteren Naturschutzbehörde mitzuteilen.
Der Schutz des Wildes vor Tieren, die weder dem Jagd- noch dem Naturschutzrecht unterliegen, ist Aufgabe des Jagdschutzes (→ Stichwort 37).

35

Krankgeschossenes und schwerkrankes Wild, Nachsuche und Wildfolge

(§ 22 a BJG, Art. 29 I, 37–39, 56 I Nr. 8 b BayJG, § 292 StGB, § 5 UVV, § 52 WaffG)

Krankgeschossenes oder schwerkrankes Wild ist unverzüglich zu erlegen. Es gelten keinerlei zeitliche Einschränkungen, wie etwa durch Schon- oder Nachtzeiten. Dies gilt auch für Tiere, die in Erfüllung des Jagdschutzes (→ Stichwort 37) angeschossen wurden (wildernde Hunde und Katzen, Nichtwild). Abschussplanpflichtiges Wild ist zwar auf den Abschussplan anzurechnen; dieser darf aber überschritten werden. Verpflichtet sind der Jagdausübungsberechtigte sowie alle sonstigen im Revier zur Jagd Berechtigten, wie der Jagdgast, Jagdaufseher oder angestellte Jäger. Die Begriffe krankgeschossen und schwerkrank sind weit auszulegen. Die Verletzung oder Krankheit darf aber nicht unwesentlich sein. Es muss ein längeres Leiden oder Verenden zu erwarten sein. Ein leichter Streifschuss genügt in der Regel nicht, ebenso wenig erkennbar verheilte Verletzungen oder ein Stangenbruch. Neben dem Schuss werden auch alle anderen Verletzungsursachen wie Verkehrsunfälle, Steinschläge etc. erfasst.

Das Erlegen hat unverzüglich zu erfolgen, also ohne schuldhaftes Zögern (§ 121 BGB); sämtliche anderweitigen und aufschiebbaren Tätigkeiten, insbesondere andere Jagdhandlungen, haben Nachrang.

Dabei ist der Jäger zur Nachsuche verpflichtet, nämlich zur gezielten Verfolgung des kranken Wildes, mit dem Ziel des Erlegens oder Abfangens. Der zur Nachsuche verwendete Hund muss brauchbar sein. Auch einem von ihm krankgeschossenen Jagdhund hat der Jagdausübende nachzusuchen. Die unterlassene Nachsuche kann eine Straftat nach § 17 Nr. 2 a TierSchG darstellen. Bei der Nachsuche hat der Jagdausübungsberechtigte Erste-Hilfe-Material bereitzustellen.

Eine Nachsuche endet aber für den Jäger grundsätzlich an der Reviergrenze. Stellt er dem kranken Wild in einem fremden Jagdrevier nach, egal ob mit oder ohne Waffe, oder erlegt es dort, so begeht er ebenfalls eine Straftat, nämlich Jagdwilderei (§ 292 StGB). Unter bestimmten Voraussetzungen ist

die Verfolgung krankgeschossenen Wildes über die Reviergrenze hinaus allerdings erlaubt (gesetzliche und vereinbarte Wildfolge).
Um dem Wild unnötige Qualen zu ersparen, hat der Gesetzgeber Regelungen zur berechtigten Wildfolge getroffen (gesetzliche Wildfolge). Wechselt krankgeschossenes Wild in das Nachbarrevier, hat der Jäger zunächst den Anschuss und die Stelle des Überwechselns zu verbrechen.

Achtung: *Über den Gesetzeswortlaut hinaus („krankgeschossen") ist auch bei krankem Wild ohne Schussverletzung, z. B. bei verunfalltem Wild, die Stelle des Überwechselns zu kennzeichnen.*

Von dem Überwechseln ist der Nachbarrevierinhaber oder dessen Vertreter (z. B. Jagdgast oder Jagdaufseher des Nachbarrevierinhabers), unverzüglich (§ 121 BGB), d. h. ohne schuldhaftes Zögern, zu verständigen. Diese Verständigungspflicht trifft den Jäger, der das Stück angeschossen oder ein krankes Stück beim Überwechseln beobachtet hat, und den Revierinhaber. Der Schütze oder eine mit den Vorgängen vertraute Person hat sich zur Nachsuche zur Verfügung zu stellen.
Wechselt krankgeschossenes Wild in das Nachbarrevier und ist es für einen sicheren Schuss (normale Büchsen- oder Schrotschussentfernung, Vorder- und Hintergelände frei, Kugelfang vorhanden) erreichbar, so hat es der Jäger durch Schuss über die Reviergrenze hinweg zu erlegen und zu versorgen.

Achtung: *Krankes Wild ohne Schussverletzung, beispielsweise mit einem Laufbruch, berechtigt und verpflichtet danach nicht zu einem Schuss in das Nachbarrevier. Eine Berechtigung kann sich aber aus Gründen des Tierschutzes ergeben.*

Die Versorgungsverpflichtung besteht auch dann, wenn krankgeschossenes Wild ohne grenzüberschreitenden Schuss in Sichtweite im Nachbarrevier verendet. Schalenwild ist dabei am Ort des Erlegens im Nachbarrevier zu belassen und dort aufzubrechen, damit das Stück auskühlen kann. Es ist darüber hinaus zu verwittern, um ein Anschneiden, etwa durch Schwarzwild, zu verhindern, bei absehbarem Personenverkehr auch zu verblenden. Anderes Wild, außer Schalenwild, darf der Jäger mitnehmen oder auch vom Hund aus dem Nachbarrevier apportieren lassen und muss es sodann dem Nachbarrevierinhaber übergeben. Um den Vorwurf der Jagdwilderei (§ 292

StGB, Aneignungswille) erst gar nicht aufkommen zu lassen, sollte man von einer Mitnahme allerdings absehen.
Vor Überschreiten der Grenze zum Nachbarrevier sind nach dem BayJG Langwaffen zu entladen und der Hund ist anzuleinen. Zuwiderhandlungen stellen jagdrechtlich eine Ordnungswidrigkeit (Art. 56 I Nr. 8 b BayJG, → Stichwort 45) dar.

Achtung: *Waffenrechtlich ist das Führen einer geladenen (schussbereiten, → Stichwort 83) Jagdwaffe (egal, ob Lang- oder Kurzwaffe) durch den Jäger außerhalb seines Reviers, also auch im Nachbarrevier, darüber hinaus eine Straftat (§ 52 WaffG, → Stichworte 45 und 86).*

Aber auch mit ungeladener Langwaffe darf das Nachbarrevier nur betreten werden, um dort in Sichtweite erlegtes oder krankgeschossenes und im Nachbarrevier in Sichtweite verendetes Wild zu versorgen; ansonsten handelt der Jäger ordnungswidrig (→ Stichwort 45), wenn er zur Jagd ausgerüstet unbefugt ein fremdes Jagdrevier außerhalb der zum allgemeinen Gebrauch bestimmten Wege benutzt (Jagdfrevel, siehe hierzu auch → Stichwort 38).
Das Erlegen von Wild im Nachbarrevier ist dem Nachbarrevierinhaber oder dessen Vertreter unverzüglich, also ohne schuldhaftes Zögern, zu melden. Das erlegte Wild samt Trophäen gehört dem Inhaber des Nachbarreviers. Schalenwild ist aber auf den Abschussplan des Reviers anzurechnen, in dem es angeschossen wurde und dementsprechend in die dortige Streckenliste einzutragen. Dies, um einer „Grenzjägerei“ keinen Vorschub zu leisten.
Diese aus Tierschutzgründen zwingende gesetzliche Verpflichtung zur Wildfolge kann durch Vereinbarung zwischen den benachbarten Revierinhabern erweitert, aber nicht eingeschränkt werden (vereinbarte Wildfolge). So wäre beispielsweise eine generelle Berechtigung zur Nachsuche im Nachbarrevier mit dem Hund denkbar. Solche Vereinbarungen bedürfen aus Gründen der Rechtssicherheit der Schriftform. Immerhin steht bei Jagdhandlungen im Nachbarrevier ohne eine entsprechend beweisbare Vereinbarung der Straftatbestand der Jagdwilderei (§ 292 StGB) im Raum.
Zur Verfolgung kranken und krankgeschossenen Wildes in befriedete Bezirke wird auf die Ausführungen unter → Stichwort 25 verwiesen.

36

Jagdhunde

(Art. 39 BayJG, § 21 AVBayJG, BPO)

Bei jeder Such-, Drück-, Riegel-, Treib- und Wasserjagd sowie der Nachsuche ist eine ausreichende Zahl brauchbarer Jagdhunde zu verwenden. Ausgenommen davon ist damit nur die Ansitz- und Pirschjagd. Der Revierinhaber muss nicht selbst Hundebesitzer sein. Es genügt vielmehr, dass diese zur Verfügung stehen. Der Revierinhaber kann aber zur Haltung eines zur Nachsuche brauchbaren Jagdhundes behördlich verpflichtet werden. Die Anzahl der mitzuführenden Hunde richtet sich insbesondere nach dem zu erwartenden Wildaufkommen sowie der Zahl der Jagdteilnehmer (Schützen, Treiber).

Jagdhunde, also Vorsteh-, Schweiß-, Stöber-, Bau- und Apportierhunde sowie Bracken, gelten als brauchbar, wenn sie die Brauchbarkeitsprüfung nach der BPO oder eine ihr gleich gestellte Prüfung bestanden haben. Hierfür muss der Jagdhund ausreichende Leistungen in den Fächern Schweißarbeit, Appell, Verlorenbringen von Haar- und Federwild sowie Wasserarbeit erbringen. Die Prüfungen werden von den Organen der anerkannten Vereinigungen der Jäger (→ Stichwort 44), in Bayern von den Kreisgruppen und Jägervereinigungen des BJV, nach der Brauchbarkeitsprüfungsordnung durchgeführt.

Seit 2006 gibt es in Bayern vom BJV anerkannte Nachsuchengespanne, bestehend aus einem Nachsuchenführer und einem oder mehreren anerkannten Nachsuchenhunden, denen es u. a. gestattet ist, im Zuge begonnener Nachsuchen die Grenzen zu einem anderen Jagdrevier bewaffnet und ohne vorherige Benachrichtigung des Revierinhabers zu überschreiten sowie das nachgesuchte Stück dort zur Strecke zu bringen. Voraussetzung hierfür ist eine zwischen dem Revierinhaber und dem BJV geschlossene Nachsuchenvereinbarung. Der Nachsuchenführer ist „Herr der Nachsuche“ und insbesondere weisungsbefugt, falls weitere Personen beteiligt sind.

37

Jagdschutz

(§§ 23–25, 28 V, 39 II Nr. 1, 6 BJG, Art. 40–43 BayJG, §§ 22, 23 a AVBayJG, Art. 43 BayNatSchG, Art. 10 BayWaldG, §§ 32–35, 242, 292, 294, 303 StGB, §§ 15, 16 OWiG, § 127 StPO, §§ 90 a, 227, 228, 251 II 2, 823, 904 BGB, § 10 IV, V WaffG)

a. Inhalt des Jagdschutzes ist der Schutz des Wildes vor Gefahren, insbesondere:

(1) *vor Wilderern*
(2) *vor Futternot*
(3) *vor Wildseuchen*
(4) *vor wildernden Hunden und Katzen*
(5) *vor Tieren, die weder dem Jagd- noch dem Naturschutzrecht unterstellt sind und*
(6) *die Sorge um die Einhaltung der Schutzvorschriften für Wild und Jagd*

Zu (1): Schutz des Wildes vor Wilderern

Wer Wilderer ist, ergibt sich aus § 292 StGB. Danach macht sich wegen Jagdwilderei strafbar, wer *„unter Verletzung fremden Jagd- oder Jagdausübungsrechts dem Wild nachstellt, es fängt, erlegt oder sich bzw. einem Dritten zueignet oder eine Sache, die dem Jagdrecht unterliegt (z. B. Abwurfstangen, Fallwild, Gelege von Federwild etc.), sich zueignet, beschädigt oder zerstört“.*

> **Achtung:** *Sobald der Jagdausübungsberechtigte allerdings von seinem Aneignungsrecht (→ Stichwort 6) Gebrauch gemacht hat, verwirklicht derjenige, der ihm das sodann in seinem Eigentum stehende und damit nicht mehr herrenlose Wild in Zueignungsabsicht wegnimmt, den Straftatbestand des Diebstahls nach 242 StGB und nicht der Jagdwilderei nach § 292 StGB.*

Fangen ist das sich Bemächtigen eines lebenden Tieres, so auch die nur vorübergehende Aufnahme eines kranken Stückes um es gesund zu pflegen und anschließend wieder freizulassen.

Erlegen heißt Töten. Wie beim Fangen kommt es auch hier nicht darauf an, ob der Täter in der Absicht handelt, sich das Wild zuzueignen. Erlegt der

Täter krankgeschossenes oder schwerkrankes Wild, um es von seinen Leiden zu erlösen, verneint die Rechtsprechung dennoch in der Regel eine Strafbarkeit. Begründet wird dies überwiegend mit dem Vorliegen sog. Rechtfertigungsgründe, nämlich entweder der mutmaßlichen Einwilligung des Jagdausübungsberechtigten, der entsprechend seiner jagdrechtlichen Verpflichtung der Erlegung des leidenden Stückes zugestimmt haben würde, oder, bei entgegenstehendem Willen des Jagdausübungsberechtigten, eines rechtfertigenden Notstandes (§ 34 StGB), da ein Rechtsgut, nämlich der Schutz des Wildes vor vermeidbaren Schmerzen, einer gegenwärtigen Gefahr ausgesetzt und das Erlegen, als das mildeste Mittel zur Abwehr dieser Gefahr, erforderlich ist (→ Stichwort 99).

Unter dem Begriff Nachstellen werden sämtliche Vorbereitungshandlungen zusammengefasst, die auf das Fangen, Erlegen oder sich Zueignen von Wild gerichtet sind, auch wenn der erstrebte Erfolg nicht erreicht wird.

Achtung: *Das Nachstellen, um Hirsche zum Abwerfen des Geweihs zu veranlassen (sog. Hirschsprengen), reicht also nicht aus; die anschließende Mitnahme des Geweihs erfüllt allerdings den Straftatbestand der Jagdwilderei, da sich der Täter eine Sache, die dem Jagdrecht unterliegt, zueignet.*

Ob überhaupt Wild in dem gegenständlichen Jagdrevier vorhanden ist, spielt mithin keine Rolle. Unter Nachstellen fällt beispielsweise das Anlocken mit Blatten, das jagen lassen des Hundes, das Zutreiben von Wild aus einem fremden Revier, um es im eigenen Revier umgehend zu erlegen etc.

Wilderer können nicht nur dritte Personen sein, sondern auch der Jagdrechtsinhaber oder Jagdausübungsberechtigte selbst. Verpachtet etwa der Grundeigentümer als Inhaber des Jagdrechts das Jagdausübungsrecht und stellt dort sodann dem Wild nach, so begeht er Jagdwilderei, ebenso wie der Jagdausübungsberechtigte, der abgesehen von den Fällen der berechtigten Wildfolge (→ Stichwort 35), Wild im Nachbarrevier erlegt. Ob der Tatbestand der Jagdwilderei gegeben ist, richtet sich dabei nicht nach dem Standort des Jägers, sondern des Wildes. Bei einem Schuss von einem fremden Revier auf Wild im eigenen Revier handelt es sich also nicht um Jagdwilderei, sondern um eine Ordnungswidrigkeit nach § 39 II Nr. 6 BJG, sofern der Jäger zur Jagd ausgerüstet und unbefugt das fremde Jagdrevier außerhalb der zum allgemeinen Gebrauch bestimmten Wege betreten hat sowie einen Verstoß gegen das Waffengesetz.

Verstöße gegen sachliche, örtliche oder zeitliche Jagdverbote (→ Stichworte 25 und 26) begründen mangels Verletzung fremden Jagd- oder Jagdausübungsrechts keine Jagdwilderei. Schließlich begehen auch Eigentümer, die in ihren nicht verpachteten Eigenjagdrevieren und Jagdpächter, die auf ihren Pachtflächen jagen, ohne im Besitz eines Jagdscheins zu sein, keine Jagdwilderei. Dies, da der Jagdschein nur eine öffentlich-rechtliche Erlaubnis zur Jagdausübung darstellt und dementsprechend ein Verstoß gegen die Pflicht einen solchen zu besitzen, lediglich eine Ordnungswidrigkeit nach § 39 II Nr. 1 BJG darstellt.
Wilderer kann auch der Jagdgast sein. Überschreitet dieser vorsätzlich die ihm erteilte Erlaubnis, beispielsweise hinsichtlich Art und Anzahl des zur Jagd freigegebenen Wildes, einer örtlichen Beschränkung auf einen Revierteil oder einer zeitlichen Beschränkung, macht er sich der Jagdwilderei strafbar, da er das Jagdausübungsrecht des Revierinhabers verletzt, wobei aber eine Strafverfolgung bei Überschreiten einer grundsätzlich bestehenden Jagderlaubnis nur auf Strafantrag hin stattfindet.
Eine Verletzung des Jagdrechts an den aus ethischen Gründen nach § 6 a BJG befriedeten Flächen wird nicht als Jagdwilderei bestraft.

Zu (2): Schutz des Wildes vor Futternot

Die Verpflichtung zur Fütterung des Wildes in Notzeiten ist ebenfalls Teil des Jagdschutzes.
Dabei ist es zunächst Aufgabe des Revierinhabers, möglichst in Zusammenarbeit mit den Grundstückseigentümern bzw. -pächtern, durch Maßnahmen zur Äsungsverbesserung Sorge dafür zu tragen, dass das Wild auch in der vegetationsarmen Zeit, also im Spätherbst und Winter, natürliche Äsung findet. In diesem Zusammenhang sind die Anlage von Daueräsungsflächen (Wildacker), der Zwischenfruchtanbau und der Erhalt von Hecken, Sträuchern und Baumgruppen, entsprechend den Vorgaben des Naturschutzes, von besonderer Bedeutung.
In Notzeiten ist der Revierinhaber verpflichtet, angemessen zu füttern und die notwendigen Fütterungen zu unterhalten. Eine Besonderheit gilt für Rotwild in rotwildfreien Gebieten (siehe hierzu → Stichwort 32). Im Gegenzug ist das Füttern außerhalb der Notzeiten, also jedenfalls von der Begrünung bis zur Ernte (Frühjahr bis Spätsommer), verboten, da hierdurch das Hegeziel (→ Stichwort 3), nämlich insbesondere ein unerwünschtes Anwachsen des Bestandes, gefährdet werden könnte. Ausgenommen hiervon

sind Ablenkfütterungen (→ Stichwort 26) für Schwarzwild. Notzeit bedeutet, dass das Wild gebietsabhängig, insbesondere wegen der obwaltenden Witterungs- und Bodenverhältnisse (Frost, Schnee etc.), keine ausreichende natürliche Äsung erlangen kann. Die Fütterung dient in erster Linie dem Tierschutz, um das Wild vor Hungerleiden zu bewahren, aber auch der Verhinderung von Wildschäden sowie der Erhaltung des Bestandes. Eine Fütterung muss angemessen und darf nicht missbräuchlich sein, d. h., es darf die Verwirklichung des Hegezieles (→ Stichwort 3) nicht gefährdet werden. Eine angemessene Fütterung hat sich am Ernährungszyklus des Wildes zu orientieren, wobei im Herbst zur Feistbildung sowie im zeitigen Frühjahr (Wachstumsbeginn der Föten, Schieben des Geweihs, anstehender Haarwechsel, Schwächung durch Winterzeit etc.) von einem erhöhten Nahrungsbedarf auszugehen ist, während in den Wintermonaten die Gabe von Erhaltungsfutter genügt; sie muss darüber hinaus im Hinblick auf Futterzusammensetzung, -menge und -zyklus artgerecht erfolgen. Schließlich muss eine ausreichende Anzahl von Fütterungen an geeigneten Orten zur Verfügung gestellt werden. Missbräuchlich ist in der Regel auch eine Fütterung in oder in der Nähe eines Schutzwaldes (→ Stichwort 73), also eines Waldes, dessen Erhaltung zur Vermeidung unterschiedlichster Schäden dringend erforderlich ist.
Verletzt der Revierinhaber seine Pflicht zur angemessenen Wildfütterung, so kann die untere Jagdbehörde, nach vorheriger erfolgloser Aufforderung, die Fütterung auf Kosten des Revierinhabers vornehmen lassen.

Zu (3): Schutz des Wildes vor Wildseuchen
Auch der Schutz des Wildes vor Wildseuchen ist eine der zentralen Aufgaben des Jagdschutzes.
Das Auftreten einer Wildseuche ist der unteren Jagdbehörde vom Jagdausübungsberechtigten unverzüglich, also ohne schuldhaftes Zögern, zu melden. Die untere Jagdbehörde erlässt im Einvernehmen mit dem beamteten Tierarzt die zur Bekämpfung der Seuche erforderlichen Anordnungen. Eine Wildseuche liegt dann vor, wenn eine Krankheit seuchenhaft auftritt, also bereits eine größere Anzahl an Wildtieren erkrankt ist, unabhängig von der Art der Krankheit (z. B. Leberegelbefall, Brucellose, Kokzidiose).
Besonderheiten gelten für die im Tierseuchengesetz und den dazu erlassenen Verordnungen angeführten Seuchen wie beispielsweise Tollwut, Schweinepest, Milzbrand oder Maul- und Klauenseuche. Diese sind in jedem Fall anzu-

zeigen, auch wenn nur ein einzelnes Tier erkrankt oder verendet ist, selbst wenn sich nur Erscheinungen zeigen, die den Ausbruch einer solchen Tierseuche befürchten lassen. Anzeigepflichtig ist in diesen Fällen neben dem Jagdausübungsberechtigten auch der Inhaber einer Jagderlaubnis.

Zu (4): Schutz des Wildes vor wildernden Hunden und Katzen

Wegen der von ihnen ausgehenden Gefahr für das Wild umfasst der Jagdschutz auch die Befugnis, unter bestimmten Voraussetzungen wildernde Hunde und Katzen zu töten.

Ein Hund wildert, wenn er erkennbar dem Wild nachstellt und es gefährden kann. Nachstellen bedeutet, dass der Hund, für den Jagdschutzberechtigten erkennbar, gezielt im Revier nach einem bestimmten Wild sucht, etwa mit tiefer Nase eine Fährte aufgenommen hat oder eine Sichthetze macht. Ein reines Umherziehen im Jagdrevier genügt also nicht. Des Weiteren muss der Hund für dieses konkrete Wild eine Gefahr darstellen. So dürfte von einem Yorkshire Terrier für einen gestandenen Keiler keine ernsthafte Gefahr ausgehen, während dies bei einem Dackel, der Jungwild nachstellt, im konkreten Fall durchaus anders zu beurteilen sein könnte.

Jagd-, Dienst-, Blinden- und Hirtenhunde, die als solche kenntlich sind, dürfen im Rahmen des Jagdschutzes nicht getötet werden, allerdings nur, solange sie sich „im Dienst“ befinden, auch wenn sie sich anlässlich des Dienstes der Einwirkung des Hundeführers entzogen haben, also beispielsweise ein Suchhund im Rahmen einer Vermisstensuche einem Reh nachstellt. Behördliche Diensthunde sind während eines Einsatzes entsprechend gekennzeichnet, Blindenhunde tragen ein Geschirr. Dies im Gegensatz zu Jagdhunden und den meist nicht reinrassigen Hirtenhunden, wo Abgrenzungsschwierigkeiten offensichtlich sind.

Im Zweifel ist der Jagdschutzberechtigte jedenfalls gut beraten, die Tötung zu unterlassen.

Ein Fang von Hunden ist gesetzlich nicht vorgesehen, da die Voraussetzungen des vorherigen Wilderns nicht erkenn-, geschweige denn beweisbar wären.

Katzen gelten als wildernd und dürfen damit im Rahmen des Jagdschutzes getötet werden, wenn sie sich (nicht der Schütze!) mehr als 300 m entfernt vom nächsten bewohnten Gebäude befinden. Ob Ferien- oder Wochenendhäuser bewohnt sind, hängt vom Einzelfall ab – Feldscheunen oder Freilichtstallungen sind definitiv unbewohnt.

Beim grundsätzlich zulässigen Katzenfang ist zu beachten, dass die Falle ebenfalls über 300 m entfernt vom nächsten bewohnten Gebäude aufgestellt sein muss. Lebend gefangene Katzen dürfen in diesem Fall getötet werden, es sei denn, der Besitzer der Katze kann vom Jagdschutzberechtigten eindeutig und in zumutbarer Weise festgestellt werden; dann sollte die Katze dort abgeliefert werden. Nicht zumutbar ist es, dass der Jagdschutzberechtigte bei einer ihm unbekannten Katze Ermittlungen zum Besitzer anstellt.
Es gelten keine speziellen Anforderungen an die zu verwendende Waffe und Munition für den Abschuss von Hunden und Katzen. Auch der Einsatz einer Kurzwaffe und der Schrotschuss sind dementsprechend erlaubt. Allerdings ist auch hier das Tierschutzrecht zu beachten. Die betreffenden Hunde und Katzen sind vor vermeidbaren Schmerzen und Leiden, z. B. durch Verwendung unzureichender Munition oder ungeeigneter Waffen, zu bewahren. Darüber hinaus besteht unter tierschutzrechtlichen Gesichtspunkten auch eine Verpflichtung zur Nachsuche, die möglichst vermieden und nicht unbedingt vor den Augen des Tierhalters enden sollte.
Tiere sind keine Sachen (→ Stichwort 47). Nachdem auf Tiere aber die für Sachen geltenden Vorschriften entsprechend anzuwenden sind, stellt die Tötung von fremden Hunden und Katzen eine Sachbeschädigung (§ 303 I StGB) dar. Darüber hinaus kommt eine Bestrafung nach § 17 TierSchG in Betracht, wenn es an einem vernünftigen Grund für die Tötung fehlt. Eine im Rahmen des Jagdschutzes zulässigerweise vorgenommene Tötung ist jedoch gerechtfertigt und damit straflos. Auch Schadensersatzansprüche des Tierhalters gegen den Jagdschutzberechtigten bestehen in diesem Fall nicht.

Achtung: *Macht der Hunde- oder Katzenhalter Schadensersatzansprüche wegen angeblich ungerechtfertigter Tötung geltend, so muss der Jagdschutzberechtigte beweisen, dass die Voraussetzungen des Tötungsrechts vorlagen, also der Hund bestimmtem Wild suchend oder hetzend nachgestellt oder die erforderliche Entfernung einer Katze zum nächsten bewohnten Gebäude vorgelegen hat. Gelingt ihm dies nicht, drohen ihm, neben strafrechtlichen Konsequenzen, Schadensersatzforderungen, die nach oben nicht durch den Wert des Tieres begrenzt sind.*

Beispiel: *Die Kosten für die Operation einer bei Ausübung des Jagdschutzes ungerechtfertigt angeschossenen Katze in Höhe von 500 € sind auch dann erstattungspflichtig, wenn sich der Wert der Katze lediglich auf 20 € beläuft.*

Auch aus diesem Gesichtspunkt will der Schuss auf wildernde Hunde und Katzen wohl überlegt sein!
Bei einer Tötung von Wild durch einen wildernden Hund hat umgekehrt auch der Jagdausübungsberechtigte einen Schadensersatzanspruch gegen den Hundehalter. In der Regel entspricht die Höhe des Schadensersatzanspruchs dem Wildbretwert.

Zu (5): Schutz des Wildes vor Tieren, die weder dem Jagd- noch dem Naturschutzrecht unterstellt sind
Der Jagdschutzberechtigte ist weiter berechtigt und verpflichtet, Wild vor Tieren, die weder dem Jagd- noch dem Naturschutzrecht unterstellt sind, zu schützen.
Hierunter fallen die Wanderratte sowie der Amerikanische Nerz (Mink), da sie weder dem Jagd- noch dem Naturschutzrecht unterliegen und eine Gefahr für Jungtiere und Gelege darstellen. Diese Tierarten wurden früher als „Raubzeug“ bezeichnet, im Gegensatz zu „Raubwild“, also den dem Jagdrecht unterliegenden Beutegreifern, die nahrungssuchend anderes Wild töten oder ihre Gelege fressen. Der Begriff Raubzeug wurde aus den Jagdgesetzen gestrichen, da er zunehmend als abwertend wahrgenommen wurde und das Lebewesen Tier nur als rechtlose Sache akzeptiert hat (siehe hierzu auch → Stichwort 10).
Die Bisamratte, die Wühl- oder Kurzschwanzmäuse (Scher-, Erd-, Rötel- und Feldmaus) sowie die Hausmaus (Langschwanzmaus) und die Hausratte unterliegen zwar ebenfalls weder dem Jagd- noch dem Naturschutzrecht, verursachen aber als Pflanzenfresser in der Regel keine jagdlich relevanten Schäden. Igel oder Eichhörnchen und andere Tierarten, die dem Wild schaden können, unterliegen dem Naturschutzrecht. Nutria, Marderhund und Waschbär unterliegen zwar nicht dem Naturschutzrecht, aber, zumindest in Bayern, dem Jagdrecht.

Zu (6): Einhaltung der Schutzvorschriften für Wild und Jagd
Weiter umfasst der Jagdschutz die Sorge um die Einhaltung der zum Schutz des Wildes und der Jagd erlassenen Vorschriften.
Hierzu zählen u. a. die Vorschriften über das Ruhen der Jagd, den Jagdschein, die Jagderlaubnis sowie die Jagdbeschränkungen in sachlicher, örtlicher und zeitlicher Hinsicht.

b. Jagdschutzberechtigte sind die nachfolgenden Personen, die zur Erfüllung der Aufgaben des Jagdschutzes, allerdings mit zum Teil deutlich unterschiedlichen Befugnissen, berechtigt und verpflichtet sind:

(1) Revierinhaber
Er ist von Gesetzes wegen berechtigt und verpflichtet, den Jagdschutz, also den Schutz des Wildes, umfassend, insbesondere vor den unter Punkt a erläuterten Gefahren, auszuüben. Er ist dabei u. a. befugt, Personen, die im Revier unberechtigt jagen (Wilderer) oder anderweitig gegen jagdrechtliche Vorschriften verstoßen oder zur Jagd ausgerüstet ohne Berechtigung abseits öffentlicher Wege angetroffen werden, zur Feststellung der Personalien anzuhalten und ihnen erbeutetes Wild, Waffen, Jagd- und Fanggeräte, Hunde und Frettchen sowie Beizvögel abzunehmen (nicht jedoch körperliche Untersuchungen und Durchsuchungen, etwa eines Kraftfahrzeuges, vorzunehmen). Außerdem ist der Revierinhaber befugt, wildernde Hunde und Katzen sowie Tiere zu töten, die weder dem Jagd- noch dem Naturschutz unterliegen und eine Gefahr für das Wild darstellen, Wild vor Futternot und Wildseuchen zu bewahren etc. Dabei ist der Revierinhaber ausschließlich für sein Jagdrevier zur Ausübung des Jagdschutzes örtlich zuständig. Auch die befriedeten Bezirke (→ Stichwort 25) sind zwar Bestandteile des Jagdreviers. Da aber auf diesen Flächen die Jagd ruht, sind dort Jagdausübungshandlungen, einschließlich der Ausübung des Jagdschutzes, untersagt.

(2) Jagdaufseher
Dabei handelt es sich um eine Person, die für den Revierinhaber zum Schutz und zur Aufsicht der Jagd haupt- oder nebenberuflich, mit oder ohne Anspruch auf Vergütung oder Aufwandsentschädigung, im Rahmen eines Auftrags- oder Dienstverhältnisses tätig ist. Seine Aufgaben können sich, je nach Ausgestaltung der mit dem Jagdausübungsberechtigten getroffenen Vereinbarungen, neben der Ausübung des Jagdschutzes u. a. auf das regelmäßige Überprüfen der Reviereinrichtungen, die Mithilfe bei Hegemaßnahmen und bei der Feststellung der Wilddichte sowie die Unterrichtung des Revierinhabers über besondere Vorkommnisse und Wahrnehmungen im Revier etc. erstrecken. Der Jagdaufseher ist zur Jagd nur berechtigt, wenn er über eine entsprechende Jagderlaubnis verfügt oder dies in seinem Anstellungsvertrag vorgesehen ist.

Es sind drei Arten von Jagdaufsehern zu unterscheiden:

(2.1.) Nichtbestätigter Jagdaufseher:

Er gehört nicht von Gesetzes wegen zum Kreis der Jagdschutzberechtigten und benötigt daher eine schriftliche Jagdschutzerlaubnis vom Revierinhaber. Es muss sich um eine volljährige und zuverlässige Person handeln. Der Jagdschutz, der einem nichtbestätigten Jagdaufseher übertragen werden kann, beschränkt sich auf den Schutz des Wildes vor Futternot, Wildseuchen, wildernden Hunden und Katzen sowie Tierarten, die weder dem Jagd- noch dem Naturschutzrecht unterliegen. Er muss zwar nicht zwangsläufig Jagdscheininhaber sein; bei einem Einsatz von Schusswaffen, etwa zur Tötung wildernder Hunde oder Katzen, muss er aber über die notwendigen waffenrechtlichen Erlaubnisse (Waffenschein und Schießerlaubnis nach § 10 IV, V WaffG, siehe → Stichwort 83) verfügen. Dem nichtbestätigten Jagdaufseher stehen keine besonderen, über die sog. Jedermannsrechte (→ Stichworte 99–100) hinausgehenden, Befugnisse im Rahmen der Ausübung des Jagdschutzes zu.

(2.2.) Bestätigter Jagdaufseher (einfacher bestätigter Jagdaufseher):

Er ist von Gesetzes wegen jagdschutzberechtigt und hat grundsätzlich dieselben Jagdschutzbefugnisse wie der Revierinhaber. Die Bestätigung erfolgt auf Antrag des Revierinhabers durch die untere Jagdbehörde, sofern der Jagdaufseher im Besitz eines Jahresjagdscheins ist und Bedenken gegen seine Zuverlässigkeit und fachliche Eignung nicht bestehen. Die fachliche Eignung kann in der Regel durch die erfolgreiche Absolvierung eines Jagdaufseherlehrgangs oder durch eine forstliche, polizeiliche oder juristische Vorbildung nachgewiesen werden. Der bestätigte Jagdaufseher erhält einen entsprechenden Ausweis samt Dienstabzeichen. Die untere Jagdbehörde kann unter bestimmten Voraussetzungen, z. B. bei einer Verletzung der Hegepflicht, vom Revierinhaber die Anstellung eines oder mehrerer bestätigter Jagdaufseher verlangen.

(2.3.) Bestätigter Jagdaufseher, der Berufsjäger oder forstlich ausgebildet ist (qualifizierter bestätigter Jagdaufseher):

Er ist ebenfalls von Gesetzes wegen jagdschutzberechtigt. Er hat über die dem einfachen bestätigten Jagdaufseher zustehenden Befugnisse hinaus die Rechte und Pflichten eines Polizeibeamten und ist Ermittlungsperson der

Staatsanwaltschaft, soweit er im Rahmen des Jagdschutzes innerhalb seines Dienstbezirks tätig wird. Er darf dabei beispielsweise in Eilfällen körperliche Untersuchungen, Beschlagnahmen von Gegenständen oder auch Durchsuchungen von Räumen anordnen; die Aufgaben und Befugnisse ergeben sich im Einzelnen aus dem entsprechend anwendbaren Polizeiaufgabengesetz und der Strafprozessordnung. Darüber hinaus hat er die Aufgaben und Befugnisse der Naturschutzwacht (→ Stichwort 68) und kann bei Zuwiderhandlungen gegen Vorschriften des Naturschutzes beispielsweise Platzverweise erteilen oder Gegenstände sicherstellen.
Wer Berufsjäger oder forstlich ausgebildet ist und welche Abschlüsse hierfür erforderlich sind, steht in § 22 AVBayJG.

(3) Bayerische Staatliche Polizei
Deren gesetzlich festgelegte Jagdschutzberechtigung ist auf den Schutz des Wildes vor Wilderern und die Sorge um die Einhaltung der Schutzvorschriften für Wild und Jagd, z. B. ob in der Notzeit gefüttert wird, beschränkt. Die der Polizei im Einzelnen zustehenden Aufgaben und Befugnisse finden sich im Polizeiaufgabengesetz und in der Strafprozessordnung.

(4) Jagdgast
Der Jagdgast ist nicht von Gesetzes wegen jagdschutzberechtigt. Der Revierinhaber kann ihm aber die Ausübung des Jagdschutzes erlauben, soweit er den Schutz des Wildes vor Futternot, Wildseuchen, wildernden Hunden und Katzen sowie Tierarten, die weder dem Jagd-, noch dem Naturschutzrecht unterliegen, umfasst. Zum Nachweis hat der Jagdgast eine schriftliche Jagdschutzerlaubnis mitzuführen, es sei denn, er wird bei der Ausübung des Jagdschutzes vom Revierinhaber, einem angestellten Jäger oder bestätigten Jagdaufseher begleitet. Dem Jagdgast stehen keine besonderen, über die sog. Jedermannsrechte (Stichworte 98–100) hinausgehenden, Befugnisse im Rahmen des Jagdschutzes zu.

(5) Revierhelfer
Der Jagdausübungsberechtigte kann Helfer im Revier einsetzen, die ihm zur Hand gehen, die grundsätzlich keine Jagdschutzbefugnisse haben. Der Revierinhaber kann ihnen aber die Ausübung des Jagdschutzes, wie einem Jagdgast, erlauben. Der Gebrauch einer Schusswaffe setzt jedoch voraus, dass der Helfer entweder Jagdscheininhaber ist oder über die entsprechen-

den waffenrechtlichen Erlaubnisse (Waffenschein und Schießerlaubnis nach § 10 IV, V WaffG, siehe → Stichwort 83) verfügt. Auch ihm stehen keine über die sog. Jedermannsrechte (→ Stichworte 98–100) hinausgehenden Befugnisse zu.

c. Sämtlichen Jagdschutzberechtigten stehen, ergänzend zu den vorstehend dargelegten, konkreten Rechten und Pflichten nach dem BayJG, wie auch jeder anderen Person, die sog. Jedermannsrechte (Notwehr, Notstand, Recht zur vorläufigen Festnahme) zu (→ Stichworte 98–100).

38

Jägernotweg

(§ 39 II Nr. 6 BJG, Art. 35, 56 II Nr. 6 BayJG, § 52 WaffG)

Um in sein Revier zu kommen, hat der Jäger grundsätzlich einen zum allgemeinen Gebrauch bestimmten Weg zu benutzen. Er handelt ordnungswidrig (→ Stichwort 45), wenn er zur Jagd ausgerüstet unbefugt ein fremdes Jagdrevier außerhalb der zum allgemeinen Gebrauch bestimmten Wege benutzt (Jagdfrevel). Steht kein öffentlicher Weg zum Revier zur Verfügung oder wäre dessen Benutzung unzumutbar, also z. B. mit einem großen Umweg verbunden, so kann ein Jägernotweg außerhalb öffentlicher Wege vereinbart oder von der unteren Jagdbehörde bestimmt werden. Der Eigentümer des betroffenen Grundstücks kann hierfür eine angemessene Entschädigung verlangen, die auf Antrag der Beteiligten von der Jagdbehörde festgesetzt wird. Der Jägernotweg darf nach dem BayJG nur mit ungeladenen (→ Stichwort 83) Langwaffen und angeleintem Hund benutzt werden. Zuwiderhandlungen stellen eine Ordnungswidrigkeit dar.

Achtung: *Waffenrechtlich ist das Führen einer geladenen (schussbereiten, → Stichwort 83) Jagdwaffe (egal, ob Lang- oder Kurzwaffe) durch den Jäger außerhalb seines Reviers, also auch auf einem Jägernotweg, darüber hinaus eine Straftat (§ 52 WaffG, → Stichworte 45 und 86).*

39

Jagdeinrichtungen

(Art. 36 BayJG, §§ 95, 581 II, 539 II, 546, 548 II BGB, § 9 FStrG, Art. 23 BayStrWG, § 7 UVV)

Jagdeinrichtungen (Reviereinrichtungen) sind künstlich geschaffene Einrichtungen zur Verbesserung von Hege und Jagd. Hierzu zählen insbesondere: Jagdhütten, Fütterungsanlagen, Ansitzeinrichtungen, Pirschpfade, Fangeinrichtungen, Suhlen, Tränken, Salzlecken, Kunstbaue, Luderplätze, Wildäsungsflächen, Vogelnistkästen etc. Grundsätzlich ist der Grundeigentümer verpflichtet, Jagdeinrichtungen auf seinem Grund und Boden entschädigungslos zu dulden. Die Berechtigung des Revierinhabers zur entschädigungslosen Einbringung von Jagdeinrichtungen ergibt sich auch ohne ausdrückliche Regelung aus dem Jagdpachtvertrag.

Der Einwilligung des Grundstückseigentümers oder Nutzungsberechtigten bedarf allerdings die Errichtung von Jagdeinrichtungen auf land- und forstwirtschaftlich genutzten Grundstücken (also nicht auf Brachflächen), die das Eigentum des Grundstückseigentümers wesentlich beeinträchtigen. Dies können beispielsweise Jagdhütten, Kanzeln oder Fütterungsanlagen für Schalenwild sein. Die Einwilligung kann durch die Jagdbehörde ersetzt werden, wenn die Duldung der Anlage zumutbar ist. Der Grundeigentümer kann eine angemessene Entschädigung, etwa für aufwendigere Arbeitsvorgänge oder Ernteeinbußen, verlangen, die auf Antrag eines der Beteiligten durch die Jagdbehörde festgesetzt wird.

Der Bau von Ansitzeinrichtungen ist baurechtlich nicht genehmigungspflichtig. Hochbauten (Hochsitze, Kanzeln etc.) dürfen aber in einer Entfernung von bis zu 40 m von Autobahnen, 20 m von Bundes- und Staatsstraßen sowie 15 m von Kreisstraßen nicht errichtet werden.

Die Errichtung einer Jagdhütte im Jagdrevier bedarf grundsätzlich einer baurechtlichen Genehmigung, die voraussetzt, dass die Jagd ohne die Hütte nicht ordnungsgemäß ausgeübt werden kann (weiter Anfahrtsweg, erforderliche Lagerungsmöglichkeiten für Futtermittel etc.). Jagdhütten müssen kleine, einfache Gebäude und ausschließlich an den Erfordernissen der Jagdausübung ausgerichtet sein (keine Wochenendhäuser!).

Jagdeinrichtungen bleiben im Eigentum des Aufstellers, da sie nur vorübergehend mit Grund und Boden verbunden sind (§ 95 BGB). Nach Beendigung des Pachtvertrages ist der ausscheidende Pächter daher berechtigt (und verpflichtet), seine Jagdeinrichtungen aus dem Revier zu entfernen, vorbehaltlich anderweitiger Regelungen im Jagdpachtvertrag oder entsprechenden Überlassungsvereinbarungen mit dem Nachpächter. Der Anspruch auf Entfernung der Reviereinrichtungen verjährt allerdings in sechs Monaten nach Beendigung des Pachtvertrages. Auch der Jagdgast ist berechtigt, und nach Beendigung des Begehungsrechts auch verpflichtet, die in seinem Eigentum stehenden Jagdeinrichtungen aus dem Revier zu entfernen, falls keine anderweitigen Vereinbarungen mit dem Jagdausübungsberechtigten getroffen wurden.
Bei der Errichtung und Unterhaltung von Hochsitzen sind die teilweise bußgeldbewehrten Vorschriften der Unfallverhütungsvorschrift Jagd (→ Stichwort 97) zu beachten (fachgerechte Errichtung, Absturzsicherung, Standsicherheit, jährliche Prüfpflicht, Abbauverpflichtung für nicht mehr benötigte Hochsitze).

40

Wild- und Jagdschaden

(§§ 26–35 BJG, § 94 I BGB, § 44–47 a BayJG, §§ 24–29 AVBayJG)

Wildschaden ist jeder Schaden, der durch Wild, also durch herrenlose Tiere, die dem Jagdrecht unterliegen, angerichtet wird, während jeder im Rahmen der Jagdausübung entstehende Schaden als Jagdschaden bezeichnet wird. Nur unter bestimmten Voraussetzungen steht allerdings dem Geschädigten ein Schadensersatzanspruch zu (ersatzpflichtiger Wild- und Jagdschaden).

a. Der ersatzpflichtige Wildschaden in Gemeinschaftsjagdrevieren umfasst verschuldensunabhängig sämtliche, nicht nur geringfügige, Schäden, die an einem Grundstück, das zu einem Gemeinschaftsjagdrevier gehört, oder an den schon vom Boden getrennten, aber noch nicht eingeernteten Erzeugnissen eines Grundstücks, durch Schalenwild, Wildkaninchen oder Fasanen verursacht werden. Nicht ersatzpflichtig sind Schäden, die durch andere Wildarten entstehen, wie etwa Verbissschäden von Feldhasen an Obstbäumen, Wühlschäden durch Dachse oder Aussaatschäden durch Tauben. Erzeugnisse, die bereits eingelagert sind, wie Flach- oder Fahrsilos, Rüben- oder Kartoffelmieten oder Rundballen, die auf dem Feld gelagert werden, gelten als eingeerntet, sodass ein entstehender Wildschaden nicht zu entschädigen ist. Nur Schäden an einem Grundstück und dessen wesentlichen Bestandteilen (§ 94 I BGB) oder Erzeugnissen, nicht an Personen oder Fahrzeugen, wie im Falle eines Wildunfalls, sind ersatzpflichtig. Da Grundstücksbestandteil, ist beispielsweise auch der Schaden an einem von einem angeschweißten Keiler beschädigten Zaun zu ersetzen.

Bei Schäden an land- oder forstwirtschaftlichen Erzeugnissen sind einige Besonderheiten zu beachten. Ausgeschlossen ist die Haftung für Wildschäden, wenn der Geschädigte eine zur Abwehr von Wildschäden vom Jagdausübungsberechtigten getroffene Maßnahme unwirksam macht. Hierunter fällt beispielsweise das Entfernen von Zäunen, Knallanlagen oder Scheuchen, aber auch eine bewusste Behinderung der Jagdausübung, die ebenfalls eine Maßnahme zur Wildschadensverhütung ist. Schäden an Weinbergen, Gärten (auch Golfplätzen und Modellflugplätzen), Obstgärten, Baumschulen (z. B. Christbaumkulturen), Alleen, einzeln stehenden Bäumen, Forstkulturen (außer Hauptholzarten), Freilandpflanzungen von Gartengewächsen und an hochwertigen Handelsgewächsen sind nur dann zu ersetzen, wenn der Geschädigte übliche und als brauchbar anerkannte Schutzvorrichtungen, also insbesondere Umzäunungen, angebracht hat.

Als üblich und ausreichend werden folgende Zaunhöhen angesehen:

Tabelle 4 Empfohlene Zaunhöhen zur Abwehr von Wildschäden

Wildart	Mindesthöhe Zaun
Rot-, Dam- und Sikawild	1,80 m
Muffelwild	2,50 m
Schwarzwild	1,50 m
Gamswild	1,30 m
Rehwild	1,50 m
Wildkaninchen	1,30 m (zusätzlich mindestens 20 cm unter der Erde und Maschenweite höchstens 4 cm)

Forstkulturen sind Flächen zur holz- und forstwirtschaftlichen Nutzung mit jungem Baumbestand bis zu einem Alter von etwa 20 Jahren, die der Gefahr einer Beschädigung durch Wild ausgesetzt sind. Schäden an Forstkulturen sind, soweit es sich um Hauptbaumarten handelt, die mindestens 5 % der Waldfläche im Revier ausmachen, auch ohne Anbringung entsprechender Schutzvorrichtungen ersatzpflichtig. Umgekehrt sind Nebenbaumarten (unter 5 % der Waldfläche im Revier) entsprechend zu schützen. Grund für diese Differenzierung ist die Erfahrung, dass Nebenbaumarten auf das verbeißende Schalenwild aufgrund ihres nur vereinzelten Vorkommens im Revier eine besondere Anziehungskraft ausüben. Eine vertragliche Festlegung der Hauptholzarten im Jagdpachtvertrag bietet sich zur Vermeidung späterer Auseinandersetzungen an. Unter Freilandpflanzungen von Gartengewächsen fallen Gemüse-, Obst- und Zierpflanzen, die normalerweise in Gärten gezogen werden (z. B. Erdbeerplantagen). Hochwertige Handelsgewächse bilden den Rohstoff für wertvolle Waren (z. B. Hopfen, Tabak-, Arznei- und Gewürzpflanzen).

Wildschäden auf befriedeten Bezirken oder an sonstigen Grundflächen, auf denen die Jagd nicht ausgeübt werden darf (→ Stichwort 25), sind nicht ersatzpflichtig.

Beispiel: *Der Schaden, den ein Fuchs verursacht, indem er im Hühnerstall einen Hahn reißt, stellt keinen ersatzpflichtigen Wildschaden dar, da*

- *der Fuchs nicht zu den genannten Schadwildarten gehört,*
- *der Hühnerstall ein befriedeter Bezirk ist und*
- *weder ein Grundstück noch ein Erzeugnis davon beschädigt wurde.*

Der Anspruch auf Ersatz des Wildschadens richtet sich grundsätzlich gegen die Jagdgenossenschaft (Ersatzverpflichtete). Diese legt den Schaden auf die einzelnen Jagdgenossen entsprechend der flächenmäßigen Beteiligungsverhältnisse um. In der Regel übernimmt allerdings der Jagdpächter die Verpflichtung zum Wildschadensersatz durch eine entsprechende Klausel im Jagdpachtvertrag. Auch in diesem Fall bleibt aber die Haftung der Jagdgenossenschaft, für den Fall, dass und soweit vom Jagdpächter nichts zu holen ist (z. B. Insolvenz), ähnlich einer Bürgschaft, bestehen.

Unter einer Wildschadenspauschale ist eine im Jagdpachtvertrag vereinbarte und vom Jagdpächter jährlich zu zahlende Pauschale zur Abgeltung möglicher Wildschäden zu verstehen, sodass im Schadensfall kein Anspruch des Geschädigten gegenüber dem Jagdausübungsberechtigten, sondern ausschließlich gegenüber der Jagdgenossenschaft besteht.

Ersatzberechtigt ist der durch den Wildschaden unmittelbar Geschädigte, also der rechtmäßige Bewirtschafter der betreffenden Grundfläche (Eigentümer, Nutznießer, Pächter oder sonstige Nutzungsberechtigte).

b. Der Wildschaden in Eigenjagdrevieren
ist von Gesetzes wegen vom Jagdausübungsberechtigten, egal ob dies der Eigentümer, Nutznießer oder Jagdpächter ist, gegenüber dem Geschädigten nur dann zu ersetzen, wenn er durch einen zu geringen Abschuss von Schalenwild, Wildkaninchen oder Fasanen, also schuldhaft, verursacht wurde. Die Erfüllung des Abschussplanes schließt ein Verschulden des Jagdausübungsberechtigten in der Regel aus.
Dem Eigentümer oder Nutznießer einer Eigenjagd einerseits und dem Grundstücks- und Jagdpächter andererseits steht es jedoch frei, weitergehende vertragliche Regelungen zur Haftung für Wildschäden zu vereinbaren, angefangen von einer verschuldensunabhängigen Haftung des Jagdausübungsberechtigten bis hin zu einem gänzlichen Haftungsausschluss zugunsten des die Jagd selbst ausübenden Eigentümers. Bei einer Verpachtung der Eigenjagd wird in der Regel die Ersatzpflicht für Wildschäden im Pachtvertrag auf den Pächter übertragen, insbesondere, wenn der Eigenjagdbesitzer nur die Jagd verpachtet hat und die eigenen Flächen selbst bewirtschaftet.
Für Wildschäden an angegliederten Flächen haftet der Eigentümer oder Nutznießer des Eigenjagdreviers, es sei denn, der Jagdpächter hat sich im Jagdpachtvertrag zur Übernahme des Wildschadens verpflichtet. Auch in diesem Fall bleibt die Haftung des Verpächters bestehen, soweit der Geschädigte vom Jagdpächter keinen Schadensersatz erlangen kann (z. B. Insolvenz).

c. Ersatzpflichtiger Jagdschaden
ist jeder Schaden, der dem Grundstückseigentümer oder Nutzungsberechtigten (z. B. Grundstückspächter) aus missbräuchlicher Jagdausübung entsteht. Zu einem Jagdschaden können also nur schuldhafte Handlungen im Rahmen einer grundsätzlich berechtigten Jagdausübung führen.
Missbräuchlich ist eine Jagdausübung, bei der die berechtigten Interessen der Grundstückseigentümer oder Nutzungsberechtigten nicht beachtet werden. Dies ist jedenfalls dann der Fall, wenn eine Treibjagd auf Feldern mit reifenden Früchten oder Tabakpflanzen oder eine Suchjagd, die mit Schäden an reifenden Früchten einhergeht (Pirschgang durch reifes Getreidefeld!), ausgeübt werden. Generell kann ein ersatzpflichtiger Wildschaden

über diese im Gesetz genannten Beispielfälle hinaus bei jeder im Zusammenhang mit der Jagd stehenden Betätigung eintreten, so u. a. durch Betreten oder Befahren von Feldern und Wiesen, die Anlage von Fütterungen, das Errichten von Jagdeinrichtungen oder das Bergen von Wild etc.
Beispiel: *Ein in einem reifen Getreidefeld oder auf einer nassen Wiese erlegter Rehbock ist aus dem Feld zu tragen. Die Zuhilfenahme eines Kraftfahrzeuges wäre, wegen der damit verbundenen vermeidbaren Schäden, eine missbräuchliche Jagdausübung.*
Ersatzpflichtig sind nur Schäden an Grundstücken. Die Verletzung von Tieren oder die Beschädigung von Gebäuden oder sonstigen Einrichtungen stellen keinen ersatzpflichtigen Jagdschaden dar. Ersatzberechtigt ist ausschließlich der Grundstückseigentümer oder der Nutzungsberechtigte, nicht andere Geschädigte. Ersatzpflichtig ist der Jagdausübungsberechtigte, auch wenn der Schaden von einem Jagdgast oder einem von ihm bestellten Jagdaufseher verursacht wurde. Diese Regelung soll dem Geschädigten eine zielführende Realisierung seiner Schadensersatzansprüche ermöglichen – ohne lange Suche nach dem tatsächlichen Verursacher. In diesem Fall hat der in Anspruch genommene Jagdausübungsberechtigte jedoch einen entsprechenden Rückerstattungsanspruch gegenüber dem Schadensverursacher (Jagdgast oder Jagdaufseher).
Derjenige, der einen ersatzpflichtigen Jagdschaden verursacht, begeht, unabhängig von der Schadensersatzpflicht, eine Ordnungswidrigkeit.

d. Verfahrensrecht

Wenn es darum geht, Schadensersatz für einen Wild- oder Jagdschaden zu fordern, ist grundsätzlich der Jagdausübungsberechtigte der erste Ansprechpartner. Können sich die Beteiligten, wie auch immer, einigen, ist die Sache erledigt. Andernfalls sind Ansprüche auf Ersatz von Wild- und Jagdschäden vom Berechtigten binnen einer Woche, nachdem er von dem Schaden Kenntnis erlangt hat oder bei Beachtung gehöriger Sorgfalt erhalten hätte, bei der für das beschädigte Grundstück zuständigen Gemeinde (ist die Gemeinde selbst Geschädigte bei der Rechtsaufsichtsbehörde) schriftlich oder zur Niederschrift anzumelden. Bei Schäden an forstwirtschaftlich genutzten Grundstücken reicht es, wenn diese zweimal im Jahr, nämlich jeweils zum 01. Mai und zum 01. Oktober, angemeldet werden. Wird die Anmeldefrist versäumt, ist der Anspruch hinfällig. Im Streitfall muss der Berechtigte beweisen, dass er die Anmeldung rechtzeitig vorgenommen hat. Auch bei einer nur mündlichen Anmeldung gilt die Frist als versäumt. Da die Feststellung der Schadensursache mit fortlaufender Zeit immer schwieriger wird, rechtfertigt sich die kurz bemessene Anmeldefrist. Der Berechtigte tut mithin gut daran, zumindest schadensträchtige Grundflächen zeitnah auf mögliche Wildschäden hin zu kontrollieren, da die Anmeldefrist nicht erst bei tatsächlicher Kenntnis von dem eingetretenen Schaden zu laufen beginnt, sondern bereits dann, wenn der Berechtigte bei Beobachtung gehöriger Sorgfalt Kenntnis hätte haben können. Die Rechtsprechung geht davon aus, dass der Berechtigte spätestens innerhalb von vier Wochen, in wildschadensgefährdeten Gebieten auch deutlich früher, diese Kenntnis erlangt haben muss, da die Sorgfaltspflicht auch ohne konkreten Anlass regelmäßige Kontrollgänge erfordert.

Diese Anmeldung des Schadens ist erforderlich, da die Inanspruchnahme gerichtlichen Rechtsschutzes in Wild- und Jagdschadenssachen davon abhängig ist, dass zuvor ein sog. Vorverfahren bei der zuständigen Gemeinde durchgeführt worden ist. Eine ohne vorherige Durchführung dieses Vorverfahrens erhobene Klage ist unzulässig.

Bei versäumter Anmeldefrist oder offensichtlich unbegründetem Anspruch wird der Antrag von der Gemeinde mit schriftlichem Bescheid kostenpflichtig zurückgewiesen, wohingegen der Geschädigte binnen vier Wochen ab Zustellung Klage zum Amtsgericht erheben kann.

Andernfalls muss die Gemeinde unverzüglich, also ohne schuldhaftes Zögern (§ 126 BGB), einen Ortstermin anberaumen, zu dem der Geschädigte, der Ersatzpflichtige und, sofern ein Beteiligter es beantragt oder eine gütliche Einigung nicht zu erwarten ist oder andere Gründe es erfordern, auch ein Schätzer zu laden sind. Sollte der Schaden an landwirtschaftlich genutzten Grundstücken in diesem Termin noch nicht abschätzbar sein, so kann der Ortstermin auf Antrag bis kurz vor die Ernte verlegt werden, falls nicht ohnehin für den kompletten Ernteverlust Ersatz zu leisten ist. Unbeschadet dessen wird der derzeit bereits feststellbare Schaden in einer Terminniederschrift festgehalten. Werden sich die Beteiligten bei diesem Termin einig, so werden u. a. die Schadenshöhe und die Kostenregelung schriftlich und vollstreckbar protokolliert. Wird keine Einigung erzielt, hat die Gemeinde unverzüglich einen Schätzer mit der Erstellung eines Schadensgutachtens zu beauftragen und, insbesondere falls der Schätzer bei dem bereits stattgehabten Ortstermin nicht anwesend war, einen weiteren Ortstermin anzuberaumen. Auf der Grundlage dieses Gutachtens erlässt die Gemeinde einen Vorbescheid, der in erster Linie zur Frage des Schadensersatzes Stellung nimmt und eine Kostenregelung enthält. Gegen diesen Bescheid können die Beteiligten sodann binnen vier Wochen ab Zustellung Klage zum Amtsgericht erheben. Wird dort ebenfalls keine Einigung erzielt, entscheidet das Gericht durch Urteil in der Sache sowie über die Kostentragungspflicht.

41

Wildschutzgebiete, Wildgehege, Wildpark, Wintergatter

(§§ 19 a, 20 II BJG, Art. 21–25 BayJG, § 12 AVBayJG, HRL I 2)

a. Wildschutzgebiete sind von der unteren Jagdbehörde im Benehmen mit der unteren Naturschutzbehörde durch Rechtsverordnung festgelegte Grundflächen, die vorwiegend der Hege des Wildes und der Verhütung von Wildschäden dienen. Ziel ist es, eine Beunruhigung des Wildes zu vermeiden, vor allem in Not-, Brut- und Setzzeiten und dem Wild, insbesondere zur Vermeidung von Wildschäden, einen ungestörten Aufenthalt in den gewohnten Einständen und an Fütterungen zu bieten. Zu diesem Zweck kann in Wildschutzgebieten das Betreten von Flächen, auch im Rahmen von Gesellschaftsjagden, verboten werden. Im Übrigen ist es auch außerhalb von Wildschutzgebieten verboten, Wild durch wie auch immer geartete Handlungen zu beunruhigen.
b. Wildgehege sind vollständig eingefriedete Grundflächen, auf denen (überwiegend) Wild gehalten oder zu Jagdzwecken gehegt wird. Wildgehege, die Jagdzwecken dienen, sind genehmigungspflichtig und müssen die Größe einer Eigenjagd haben sowie im Eigentum einer Person oder Personengemeinschaft stehen. Wildgehege, die anderen als jagdlichen Zwecken dienen, also etwa der Fleischgewinnung (z. B. Dam- oder Rotwild), sind erst ab einer Größe von 10 ha genehmigungspflichtig.
c. Ein Wildpark ist ein von der höheren Jagdbehörde als solches anerkanntes Wildgehege mit einer Mindestgröße von 81,755 ha, in dem Schalenwild jagdlich gehalten und genutzt wird. Für die Jagdausübung in Wildparken gelten die allgemeinen Vorschriften mit der Besonderheit, dass das Schalenwild auch an Fütterungen erlegt, ein Saufang sowie eine

Fang- oder Fallgrube ohne Genehmigung angelegt und die Lapp-, Fang- und Treibjagd uneingeschränkt ausgeübt werden dürfen. Des Weiteren sind die Abschusspläne der Jagdbehörde vor Beginn der Jagdzeiten nur zur Kenntnisnahme vorzulegen.

d. Wintergatter sind Wildgehege, in denen Rotwild während der Notzeit zur Wildschadensverhütung, insbesondere an Forstkulturen, gehalten und gefüttert wird. Diese werden in der Regel um die gewohnten Fütterungen herum angelegt. Voraussetzung ist eine Genehmigung der unteren Jagdbehörde sowie das Einverständnis der Grundstückseigentümer.

42

Inverkehrbringen und Schutz von Wild

(BWildSchVO, Washingtoner Artenschutzübereinkommen)

Die Bundeswildschutzverordnung dient auf Bundesebene dem Schutz gefährdeter Tierarten, die dem Jagdrecht unterliegen, indem insbesondere deren Besitz und Erwerb sowie der Handel und das sonstige Inverkehrbringen geregelt werden.

Danach darf Wild, das Jagdzeit hat und nicht in Anlage 1 der BWildSchVO genannt ist, also sämtliches Haarwild mit Jagdzeit, sowie das in Anlage 2 zur BWildSchVO genannte Federwild (Rebhuhn, Fasan, Ringeltaube, Graugans, Stock-, Pfeif-, Krick-, Spieß- und Tafelente, Blässhuhn) vom Jagdausübungsberechtigten uneingeschränkt, auch gewerblich, verkauft oder anderweitig in den Verkehr gebracht werden.

Wild, das Jagdzeit hat und in Anlage 3 zur BWildSchVO genannt ist, also Waldschnepfe, Blässgans und Reiherente, darf der Jagdausübungsberechtigte ebenfalls verkaufen, aber nur für private Zwecke, nicht gewerblich; Wildbrethändler, Gastronomen oder Präparatoren dürfen mit diesem Wild nicht handeln.

Wild, das Jagdzeit hat und darüber hinaus nur in Anlage 1, nicht aber auch in den Anlagen 2 oder 3 genannt ist, also beispielsweise Türkentaube, Saatgans, Höckerschwan oder Lachmöwe, darf der Jagdausübungsberechtigte nicht verkaufen, aber verschenken. Ganzjährig geschontes Wild, wie etwa Luchs, Wildkatze, Fischotter, Steinwild, Greifen, Raufußhühner, Wachtel

etc., darf sich der Jagdausübungsberechtigte als verendetes Wild oder Fallwild aneignen und auch verschenken, nicht jedoch verkaufen.
Besonders geschützte Tierarten, die nicht dem Jagdrecht unterliegen, darf sich der Jagdausübungsberechtigte nicht aneignen.
Auf internationaler Ebene wurden besonders gefährdete Tiere und Pflanzen durch das Übereinkommen über den internationalen Handel mit gefährdeten Arten freilebender Tiere und Pflanzen aus dem Jahr 1973 (Washingtoner Artenschutzübereinkommen oder CITES) unter Schutz gestellt.

43

Bayerische Jagdbehörden

(Art. 49 I, II, 52 BayJG)

Die Jagdbehörden in Bayern sind dreistufig aufgebaut:

a. Untere Jagdbehörde ist in den Landkreisen das jeweilige Landratsamt, in kreisfreien Städten die Stadt.
b. Höhere Jagdbehörde ist die jeweilige Bezirksregierung. Bayern ist in sieben Regierungsbezirke unterteilt, nämlich in die Regierungen von Schwaben (Augsburg), Oberbayern (München), Niederbayern (Landshut), Oberpfalz (Regensburg), Oberfranken (Bayreuth), Mittelfranken (Ansbach) und Unterfranken (Würzburg).
c. Oberste Jagdbehörde ist das Staatsministerium für Ernährung, Landwirtschaft und Forsten mit Sitz in München.

Die unteren Jagdbehörden sind für die meisten staatlichen Aufgaben auf dem Gebiet des Jagdwesens zuständig (z. B. Erteilung von Jagdscheinen, Festsetzung und Bestätigung von Abschussplänen, Beanstandung von Jagdpachtverträgen), soweit das Gesetz nicht ausdrücklich eine Zuständigkeit der höheren Jagdbehörde (z. B. Anerkennung von Wildgehegen als Wildpark) oder der obersten Jagdbehörde (z. B. Genehmigung zum Aussetzen fremder Wildtierarten) bestimmt. Die Abnahme der Jägerprüfung obliegt nicht mehr der höheren Jagdbehörde, sondern dem Amt für Landwirtschaft und Forsten (ALF) in Landshut.

44

Jagdbeirat, Jagdberater, Vereinigung der Jäger

(§ 37 BJG, Art. 49 III, 50, 51 BayJG, §§ 30–32 AVBayJG)

a. Jagdbeirat

Die Jagdbehörden werden bei der Erfüllung ihrer Aufgaben vom Jagdbeirat, einem unabhängig und ehrenamtlich tätigen Gremium, unterstützt, welches, mit Ausnahme der Mitwirkung bei der Bestätigung oder Festsetzung der Abschusspläne, ausschließlich beratend tätig ist und vor allen wesentlichen Entscheidungen der Jagdbehörden gehört werden soll. Dadurch soll ein Ausgleich zwischen den widerstreitenden Belangen der beteiligten Interessengruppen erzielt werden. Der Jagdbeirat besteht bei der unteren Jagdbehörde aus insgesamt sechs, bei der höheren aus zehn und bei der obersten aus 15 Personen, nämlich aus dem jeweiligen Behördenvertreter als Vorsitzenden und bei der unteren Jagdbehörde aus Vertretern der Landwirtschaft, der Forstwirtschaft, der Jagdgenossenschaften, der Jäger und des Natur- und Waldschutzes, bei der höheren Jagdbehörde zusätzlich aus Vertretern der Teich- und Fischereiwirtschaft sowie des Waldschutzes und bei der obersten Jagdbehörde zusätzlich aus Vertretern der Berufsjäger und des Tierschutzes. Der Jagdbeirat entscheidet über seine Empfehlungen mit Stimmenmehrheit der anwesenden Mitglieder, wobei die Stimme des Behördenvertreters bei Stimmengleichheit entscheidet. Die Mitglieder des Jagdbeirates und je ein Stellvertreter werden durch die Jagdbehörde auf fünf Jagdjahre widerruflich bestellt. Ergänzend kann der Vorsitzende zu den Beratungen weitere Sachkundige aus betroffenen Bereichen, etwa des Bauwesens oder der Polizei, zuziehen.

b. Jagdberater

Die Jagdbehörden sind verpflichtet, zur laufenden sachverständigen Beratung in jagdfachlichen und jagdwirtschaftlichen Angelegenheiten nach Anhörung des Jagdbeirates aus dem Kreis der Jagdscheininhaber ehrenamtliche Jagdberater widerruflich zu bestellen, die auch an den Sitzungen des Jagdbeirates teilnehmen müssen, aber kein Stimmrecht haben. Dies insbesondere deshalb, da der Leiter der Jagdbehörde und die dort tätigen Sachbearbeiter häufig selbst keine Jäger sind. Aus Neutralitätsgründen soll ein

Jagdberater kein wichtiges Amt bei einer der im Jagdbeirat vertretenen Interessensgruppen bekleiden. Es sollen höchstens zwei Jagdberater und je ein Stellvertreter pro Jagdbehörde bestellt werden.

c. Vereinigung der Jäger

Vereinigungen der Jäger sind Zusammenschlüsse von Jagdscheininhabern, meist in der Rechtsform eingetragener Vereine (Jagdverein, Jagdclub etc.). Vereinigungen der Jäger auf Landesebene (Landesjagdverbände) haben einen Anspruch auf Anerkennung durch die oberste Jagdbehörde (→ Stichwort 43), sofern:

- *mehr als die Hälfte der in Bayern wohnenden Jagdscheininhaber Mitglieder sind,*
- *eine Organisation auf Kreis-, Bezirks- und Landesebene sowie*
- *in jedem Regierungsbezirk ein Disziplinarausschuss existieren.*

In Bayern ist nur der BJV (Landesjagdverband Bayern e. V.) als Vereinigung der Jäger anerkannt. Den anerkannten Vereinigungen der Jäger wurden zahlreiche Aufgaben und Mitwirkungskompetenzen eingeräumt. So verfügt der BJV z. B. über Disziplinarausschüsse mit eigener Disziplinarordnung, kann mit der Durchführung von Brauchbarkeitsprüfungen und Feststellung der Brauchbarkeit von Jagdhunden betraut werden oder hat die Zusammenschlüsse der Revierinhaber zu Hegegemeinschaften zu organisieren. Die Vereinigung der Jäger erhält Zuwendungen aus der Jagdabgabe (→ Stichwort 31), die zweckgebunden zur Förderung der Jagd einzusetzen sind.

45

Straftaten und Ordnungswidrigkeiten

(Art. 103 II GG, §§ 1, 38, 40, 292 StGB, §§ 3, 17 OWiG, §§ 17–18 a, 38 ff BJG, Art. 56 ff BayJG, § 33 AVBayJG)

Verstößt jemand gegen ein Gesetz, so kann er dadurch eine Straftat oder eine Ordnungswidrigkeit begehen, allerdings nur, sofern dies im Gesetz vorgesehen ist (Gesetzesvorbehalt).

Wer eine Straftat begeht, kann mit einer Freiheitsstrafe oder Geldstrafe überzogen werden, bei einer Ordnungswidrigkeit droht ein Bußgeld. Straftaten sind tatbestandsmäßige, rechtswidrige und schuldhafte Handlungen, die unterteilt werden in Verbrechen mit einer Strafandrohung von mindestens einem Jahr Freiheitsstrafe, z. B. Mord, Brandstiftung, Meineid oder Vergewaltigung, und Vergehen, die mit einer geringeren oder keiner Mindestfreiheitsstrafe oder mit einer Geldstrafe bedroht sind, z. B. Jagdwilderei, Diebstahl, Unterschlagung, Hehlerei, Betrug oder Körperverletzung. Das Mindestmaß einer Freiheitsstrafe ist ein Monat, das Höchstmaß 15 Jahre oder lebenslänglich. Eine Geldstrafe wird in Tagessätzen verhängt und beträgt mindestens fünf und, wenn das Gesetz nichts anderes bestimmt, höchstens 360 Tagessätze. Ein Tagessatz entspricht dem täglichen Nettoeinkommen des Täters, mindestens aber 1 € und höchstens 30 000 €.
Ordnungswidrigkeiten sind Rechtsverstöße, die keinen kriminellen Gehalt haben und daher nicht mit Strafe bedroht sind, die aber dennoch rechtswidrige und vorwerfbare Handlungen darstellen und mit einer Geldbuße geahndet werden können, wie beispielsweise Geschwindigkeitsüberschreitungen im Straßenverkehr oder die Jagdausübung ohne mitgeführten Jagdschein. Die Geldbuße beträgt mindestens fünf und, wenn das Gesetz nichts anderes bestimmt, höchstens 1 000 €.
Grundsätzlich wird nur die vorsätzliche Begehung einer Straftat oder Ordnungswidrigkeit geahndet, es sei denn, der Gesetzgeber hat in der betreffenden Vorschrift auch fahrlässiges Handeln ausdrücklich unter Strafe gestellt oder mit Geldbuße bedroht; so ist beispielsweise eine fahrlässige Körperverletzung strafbar, nicht jedoch eine fahrlässige Sachbeschädigung.
Vorsätzlich handelt, wer bewusst und gewollt vorgeht und die möglichen Folgen zumindest in Kauf nimmt. Wer lediglich die erforderliche Sorgfalt außer Acht lässt und nicht damit rechnet, dass eine vorwerfbare Folge eintritt („es wird schon gut gehen“), handelt dagegen nur fahrlässig (**Beispiel:** *Jagdunfall mit Schusswaffe unter Verletzung der UVV*).
Der Jäger hat eine Vielzahl gesetzlicher Regelungen zu beachten, die straf- oder bußgeldbewehrt sind. Bei Verstößen gegen jagdrechtliche Vorschriften droht neben der Strafe bzw. dem Bußgeld unter bestimmten Voraussetzungen auch eine Einziehung von Gegenständen, z. B. der Jagdwaffe, ein Jagdverbot oder, allerdings nur bei Straftaten, nicht bei Ordnungswidrigkeiten, sogar eine Entziehung des Jagdscheines. Ein Verbot der Jagdausübung für die Dauer von einem bis zu sechs Monaten kommt bei Straftaten im Zusam-

menhang mit der Jagdausübung und bei Ordnungswidrigkeiten, die unter grober oder beharrlicher Verletzung der Pflichten bei der Jagdausübung begangen wurden, in Betracht. Anlässlich der Verurteilung wegen bestimmter Straftaten (z. B. bei einigen Schonzeitverstößen, Jagdwilderei, Körperverletzung, Nötigung, Freiheitsberaubung oder Widerstand gegen Vollstreckungsbeamte) kann das Gericht dem Angeklagten unter bestimmten Voraussetzungen (siehe § 41 BJG) den Jagdschein entziehen und eine Sperre für eine Neuerteilung von einem bis zu fünf Jahren aussprechen, wenn entsprechende weitere Gesetzesverstöße durch den Angeklagten zu befürchten sind.
Der Jäger begeht insbesondere dann eine Straftat nach dem BJG, wenn er bestandsbedrohtes Wild trotz eines behördlichen Abschussverbotes erlegt oder ganzjährig geschontes oder die für die Aufzucht notwendigen Elterntiere in den Setz- und Brutzeiten bis zum selbstständig werden der Jungtiere bejagt (§ 38 BJG). Bejagen ist bereits jede Handlung, mit welcher der Täter nach seiner Vorstellung zum Erlegen oder Fangen von Wild unmittelbar ansetzt.

> **Achtung:** *Der Nichtjäger macht sich in diesen Fällen der Jagdwilderei nach § 292 StGB (→ Stichwort 37) strafbar.*

Die weit überwiegenden Verstöße gegen jagdrechtliche Vorschriften werden als Ordnungswidrigkeiten geahndet, etwa Zuwiderhandlungen gegen sachliche, örtliche und zeitliche Verbote und Gebote (→ Stichworte 25 und 26), die Nichterfüllung des Abschussplanes (→ Stichwort 32) oder die Jagdausübung als Jugendjagdscheininhaber ohne Begleitperson (→ Stichwort 28). Ordnungswidrig handelt auch, wer Jagdeinrichtungen (Kanzeln, Hochsitze etc.) trotz Aufforderung des Berechtigten nicht verlässt. Kommt der Benutzer dieser Aufforderung nicht nach, wäre der Jagdschutzberechtigte (→ Stichwort 37), nicht aber der Jagdgast (→ Stichwort 24), nach Art. 42 I Nr. 1 BayJG befugt, ihn anzuhalten und dessen Personalien festzustellen. Das Besteigen einer Jagdeinrichtung stellt allerdings noch keine Ordnungswidrigkeit dar.
Ordnungswidrig handelt auch, wer Hunde im Jagdrevier unbeaufsichtigt frei laufen lässt. Eine generelle Leinenpflicht im Jagdrevier besteht allerdings weder nach jagd-, noch nach naturschutzrechtlichen Vorschriften, sofern der Hund nicht unbeaufsichtigt, also außerhalb der Hör- und Rufweite zum Hundeführer, auf dessen Signal er sofort folgen würde, unterwegs ist.
Eine Ordnungswidrigkeit begeht ferner ein Fahrzeugführer, der Schalenwild durch An- oder Überfahren verletzt oder tötet und dies nicht unverzüglich dem Revierinhaber oder der Polizei meldet.

II. Tierschutzrecht 46–60

Grundgesetz, Verfassung des Freistaates Bayern 46

46

Tierschutz als Staatsziel

(Art. 20 a GG, Art. 141 I 2 BV)

Seit dem Jahr 1998 ist der Tierschutz als Staatsziel in der Bayerischen Verfassung verankert, seit dem Jahr 2002 auch im Grundgesetz. Staatszielbestimmungen sind zwar keine Grundrechte, die vom Bürger unmittelbar einklagbar sind; ungeachtet dessen sind sie sowohl bei der Gesetzgebung, als auch bei der Anwendung und Auslegung des geltenden Rechts durch Gerichte und Verwaltungsbehörden aufgrund ihres Verfassungsranges entsprechend zu beachten und zu gewichten.

Bürgerliches Gesetzbuch 47

47

Tiere sind keine Sachen

(§ 90 a BGB)

Bereits im Jahr 1990 wurde in das BGB aufgenommen, dass Tiere keine Sachen sind. Diese Feststellung entpuppt sich allerdings als „Etikettenschwindel", da die für Sachen geltenden Vorschriften, wie bisher auch, auf Tiere entsprechend anzuwenden sind.

Tierschutzgesetz 48–52

48

Zweck des Tierschutzgesetzes

(§ 1 TierSchG)

Gesetzeszweck ist der Schutz des Lebens und Wohlbefindens sämtlicher Tiere, egal ob wild lebend oder Haustiere, als Mitgeschöpfe des Menschen. Ohne vernünftigen Grund darf niemand einem Tier Schmerzen, Leiden oder Schäden zufügen. Ein vernünftiger Grund liegt nur dann vor, wenn er als triftig, einsichtig und von einem schutzwürdigen Interesse getragen anzuerkennen ist und unter den konkreten Umständen schwerer wiegt als das Interesse des Tieres an seiner Unversehrtheit und seinem Wohlbefinden. Insbesondere die weidgerechte Jagdausübung stellt in diesem Sinn einen vernünftigen Grund dar.

49

Töten von Wirbeltieren

(§ 4 TierSchG)

Ein Wirbeltier, also auch sämtliches Wild sowie alle vom Jagdschutz betroffenen Tierarten, darf nur derjenige töten, der die dazu notwendigen Kenntnisse und Fähigkeiten besitzt. Diese hat der Jäger durch die bestandene Jägerprüfung nachgewiesen.
Die Tötung hat grundsätzlich unter Betäubung zu erfolgen. Eine Ausnahme gilt u. a. für die weidgerechte Jagdausübung, bei der das Töten ohne Betäubung zulässig ist, sofern dem Tier dadurch nicht mehr als unvermeidbare Schmerzen zugefügt werden. Diesem Ziel dienen zahlreiche jagdrechtliche Vorschriften, insbesondere über zulässige Waffen, Munition, Fanggeräte und Jagdarten, über die sachgerechte Nachsuche oder die Verwendung brauchbarer Jagdhunde.

50

Amputation, Kupieren

(§§ 5, 6 TierSchG)

Das Amputieren von Körperteilen eines Wirbeltieres, also insbesondere auch das Kupieren (Kürzen) der Ruten von Hunden, ist nach dem Tierschutzgesetz grundsätzlich verboten. Eine Ausnahme gilt allerdings für jagdlich zu führende Hunde, wenn dies für die vorgesehene Nutzung unerlässlich ist und tierärztliche Bedenken nicht entgegenstehen. Dies kann insbesondere zur Vermeidung eines erhöhten Verletzungsrisikos bei der Arbeit im dichten Holz der Fall sein. Der Nachweis, dass der Hund jagdlich zu führen ist, gilt in der Regel als erbracht, wenn beide Elterntiere die Brauchbarkeitsprüfung bestanden haben und der Hundehalter im Besitz eines Jagdscheins ist. Solche mit Schmerzen verbundene Eingriffe darf grundsätzlich nur ein Tierarzt vornehmen. Dies nur nach vorheriger Betäubung, es sei denn, der mit dem Eingriff verbundene Schmerz ist geringfügiger als die mit einer Betäubung verbundene Beeinträchtigung des Befindens des Tieres. Dies kann, ebenfalls nach jeweiliger Einschätzung durch den Tierarzt, bei einem Kupieren der Rute in den ersten Lebenstagen des Hundes der Fall sein.

Für die Kennzeichnung eines Hundes mit einem Mikrochip ist keine Betäubung erforderlich. Dasselbe gilt für eine Tätowierung innerhalb der ersten beiden Lebenswochen, die auch von einem Nichttierarzt mit den notwendigen Kenntnissen und Fähigkeiten vorgenommen werden darf.

Das Kupieren von Hundeohren ist verboten.

51

Verbote

(§ 3 TierSchG)

Es ist u. a. verboten:

a. einem Tier Leistungen abzuverlangen, die offensichtlich seine Kräfte übersteigen,

   Beispiel: *Ein Falkner lässt seinen Beizvogel auf zu starkes Wild jagen.*

b. in der Obhut des Menschen gehaltene Tiere auszusetzen (→ Stichwort 26) oder zurückzulassen,
c. ein Tier auszubilden unter Zufügung von Schmerzen, Leiden oder Schäden, insbesondere auch durch Verwendung eines Stromimpulsgerätes (Teletaktgerät),
d. Tiere an anderen lebenden Tieren auf Schärfe abzurichten oder zu prüfen,
   Beispiel: *Ein Hund darf nicht auf eine im Feld sitzende Katze geschnallt oder an einer ausgelassenen Katze auf Schärfe geprüft werden.*
e. ein Tier auf ein anderes Tier zu hetzen, soweit dies nicht eine weidgerechte Jagdausübung erfordert,
   Beispiele:
   - *Die sog.* Parforcejagd *als reine Sichthetzjagd ist damit nicht nur nach § 19 I Nr. 13 BJG (→ Stichwort 26), sondern auch nach dem Tierschutzgesetz verboten.*
   - *Bei der Jagdhundeausbildung oder -prüfung an der* lebenden Ente *wird eine Stockente mittels einer Papiermanschette kurzfristig flugunfähig gemacht und für eine Schwimmspur verwendet (*Müller-Ente*). Die Ente bleibt dabei schwimm- und tauchfähig. Die Papiermanschette löst sich nach spätestens zehn Minuten und die Ente kann abstreichen. Ob eine weidgerechte Jagdausübung dieses Vorgehen erfordert, wird in den Bundesländern unterschiedlich beantwortet. In Bayern ist die Jagdhundeausbildung und -prüfung an der Müller-Ente erlaubt.*
f. einem Tier Futter zu geben, das ihm Schmerzen, Leiden oder Schäden zufügt.

52

Straftaten und Ordnungswidrigkeiten, Verbot der Tierhaltung

(§§ 17, 18, 20 TierSchG)

Eine Straftat (→ Stichwort 45) nach dem Tierschutzgesetz begeht, wer ein Wirbeltier ohne vernünftigen Grund tötet oder ihm aus Rohheit oder länger anhaltende oder sich wiederholende erhebliche Schmerzen oder Leiden zufügt.

Eine Ordnungswidrigkeit begeht u. a., wer einem Verbot (→ Stichwort 51) zuwiderhandelt, einem im Rahmen der Jagdausübung zu tötenden Tier vermeidbare Schmerzen zufügt oder einem Tier ohne vernünftigen Grund erhebliche Schmerzen, Leiden oder Schäden zufügt.
Darüber hinaus droht einem Tierhalter, der sein Tier nicht art- und bedürfnisgerecht versorgt und behandelt, unter bestimmten Voraussetzungen ein Verbot der Tierhaltung.

Tierschutz-Hundeverordnung 53–60

53

Anwendungsbereich

(§ 1 TierSchHuV)

Die Tierschutz-Hundeverordnung ist bundesweit gültig und regelt das Halten und Züchten von Hunden.

54

Allgemeine Anforderungen

(§ 2 I TierSchHuV)

Jedem Hund ist entsprechend der Rasse, dem Alter und dem Gesundheitszustand insbesondere ausreichend Umgang mit seiner Betreuungsperson sowie ausreichend Auslauf im Freien (außerhalb eines Zwingers oder einer Anbindehaltung) zu gewähren.

55

Trennung Welpe-Muttertier

(§ 2 IV TierSchHuV)

Ein Welpe darf grundsätzlich erst im Alter von über acht Wochen vom Muttertier getrennt werden.

56

Hundehaltung im Freien

(§ 4 TierSchHuV)

Dem Hund muss eine trockene, wärmegedämmte und angemessen große Schutzhütte sowie ein witterungsgeschützter, schattiger Liegeplatz mit wärmegedämmtem Boden außerhalb der Schutzhütte zur Verfügung stehen.

57

Hundehaltung in Räumen

(§ 5 TierSchHuV)

Es muss u. a. der Einfall von ausreichend natürlichem Tageslicht sowie eine ausreichende Frischluftzufuhr sichergestellt sein. Die benutzbare Bodenfläche muss den Anforderungen bei der Zwingerhaltung (→ Stichwort 58) entsprechen. In nicht beheizbaren Räumen muss eine Schutzhütte oder ein trockener, geschützter Liegeplatz, außerhalb der Schutzhütte ein wärmegedämmter Liegebereich zur Verfügung stehen.

58

Zwingerhaltung

(§ 6 TierSchHuV)

Hunde dürfen in einem Zwinger nicht angebunden gehalten werden. Jede Seite des Zwingers muss mindestens der doppelten Körperlänge des Hundes entsprechen und darf nicht kürzer als zwei Meter sein. Entsprechend der Widerristhöhe des Hundes müssen mindestens folgende benutzbare (ohne Schutzhütte etc.) Zwingerflächen zur Verfügung stehen, wobei sich für jeden weiteren Hund oder Hündin mit Welpen die erforderliche Fläche um die Hälfte erhöht:

Tabelle 5 Mindestgrößen für die Zwingerhaltung

Widerristhöhe des Hundes	Mindestfläche für ein Tier
bis 50 cm	6 m^2
über 50 cm bis 65 cm	8 m^2
über 65 cm	10 m^2

Widerristhöhe ist das Maß des Hundes von der Vorderpfote am Boden bis zur Oberkante der Schulter. Der Zaun des Zwingers muss so hoch sein, dass der Hund sie mit den ausgestreckten Pfoten im Stehen nicht erreichen kann.

59

Anbindehaltung

(§ 7 TierSchHuV)

Angebunden dürfen Hunde nur an einer mindestens sechs Meter langen Laufvorrichtung mit einem seitlichen Bewegungsspielraum von mindestens fünf Metern gehalten werden, wobei die Möglichkeit der ungehinderten Nutzung der Schutzhütte sichergestellt sein muss. Verboten ist die Anbindehaltung in den ersten zwölf Lebensmonaten des Hundes, im letzten Drittel der Trächtigkeit, einer säugenden Hündin und eines kranken Hundes, wenn ihm dadurch Schmerzen, Leiden oder Schäden zugefügt würden.

60

Ordnungswidrigkeiten

(§ 12 TierSchHuV)

Verstöße gegen die Tierschutz-Hundeverordnung stellen Ordnungswidrigkeiten dar, die mit Geldbußen bis zu 25 000 € geahndet werden können.

III. Naturschutz-, Artenschutz- und Landschaftspflegerecht 61–74

Grundgesetz, Verfassung des Freistaates Bayern 61

61

Umweltschutz als Staatsziel, Grundrecht auf Genuss der Natur

(Art. 20 a GG, Art. 141 BV)

Im Jahr 1994 ist der Umweltschutz als Staatsziel in das Grundgesetz aufgenommen worden (Art. 20 a GG). Ursprünglich enthielt das Grundgesetz kaum umweltbezogene Inhalte. Doch mit der fortschreitenden technischen und industriellen Entwicklung traten zunehmend Umweltprobleme zutage. Insbesondere mit der Verschmutzung von Luft, Boden und Gewässern wuchs bereits seit den siebziger Jahren in der Bevölkerung auch das Bewusstsein für den Umweltschutz. Anders als Grundrechte sind Staatsziele zwar nicht einklagbar, stellen aber verbindliche Richtlinien für staatliches Handeln dar (siehe auch → Stichwort 46).
Auch die Bayerische Verfassung hat in Art. 141 den Schutz der natürlichen Lebensgrundlagen zum Staatsziel erhoben und damit zu den vorrangigen öffentlichen Aufgaben, aber auch zur Pflicht jedes Einzelnen gemacht.
Darüber hinaus enthält Art. 141 III BV ein Grundrecht auf unentgeltlichen Genuss der Naturschönheiten und Erholung in der freien Natur, sodass für jedermann insbesondere das Betreten von Wäldern und Bergweiden, das Befahren der Gewässer, die Aneignung von Waldfrüchten in ortsüblichem Umfang, das Ski- und Schlittenfahren oder das Ballspielen gestattet ist. Das Betretungsrecht umfasst auch die Befugnis, auf Privatwegen in der freien Natur zu wandern und, soweit sich die Wege eignen, zu reiten oder mit Fahrzeugen ohne Motorkraft sowie Krankenfahrstühlen mit Elektromotor zu fahren. Landwirtschaftlich oder gärtnerisch genutzte Flächen dürfen allerdings während der Nutzzeit, also zwischen Aussaat oder Bestellung und Ernte, bei Grünland während des Aufwuchses, nur auf vorhandenen Wegen betreten werden. Detaillierte Regelungen hierzu finden sich u. a. im BNatSchG

(§ 59), im BayNatSchG (Art. 26–38), im BWaldG (§ 14) und im BayWaldG (Art. 13). Dem steht die Pflicht eines jeden Einzelnen gegenüber, mit der Natur und der Landschaft pfleglich umzugehen.

Bundesnaturschutzgesetz, Bundesartenschutzverordnung, Bayerisches Naturschutzgesetz 62–70

62

Umweltschutz, Ökologie, Naturschutz, Landschaftspflege, Artenschutz, Biotopschutz

(§ 1 BNatSchG, Art. 1 BayNatSchG)

Umweltschutz umfasst alle Maßnahmen, die dem Ziel dienen, eine ökologisch weitgehend intakte Umwelt zu wahren und langfristig zu erhalten. Man unterscheidet zwischen technischem Umweltschutz (Reinhaltung von Luft, Wasser und Boden, Lärmbekämpfung) und biologischem Umweltschutz (Naturschutz und Landschaftspflege), wobei unter Ökologie die Beziehungen zwischen Lebewesen und ihrer Umwelt verstanden werden.
Insbesondere der biologische Umweltschutz, also der Naturschutz und die Landschaftspflege, berühren direkt oder indirekt auch jagdliche Belange. Die Erhaltung naturnaher Lebensräume mit ihrer Tier- und Pflanzenwelt (Biotopschutz) ist eine unabdingbare Voraussetzung für einen wirksamen Artenschutz und damit auch für eine erfolgreiche Wildhege mit dem Ziel eines artenreichen und gesunden Wildbestandes sowie der Pflege und Sicherung seiner Lebensgrundlagen (→ Stichwort 3). Während also das Tierschutzrecht den Schutz des einzelnen Tieres vor vermeidbaren Schmerzen und Leiden behandelt, ist Ziel des Artenschutzes, das zu erhalten, was Lebewesen zu ihrer Entwicklung und für ihre Lebensweise benötigen, insbesondere den Schutz ihrer Lebensräume (ausreichende Ernährungsmöglichkeiten, reine Luft, gesundes Wasser, Bewegungs- und Zufluchtsräume, Ruhebereiche, Orte zur ungestörten Fortpflanzung etc.). Natur und Landschaft im besiedelten und unbesiedelten Bereich sind nach den Vorgaben des Bundesnaturschutzgesetzes so zu schützen, zu pflegen und zu entwickeln, dass insbesondere die Leistungsfähigkeit des Naturhaushalts, die Nutzungsfähigkeit der Naturgüter und die biologische Vielfalt wild lebender Tiere und Pflanzen sowie ihrer Le-

bensstätten auf Dauer gesichert sind. Hier ist der Jäger im Rahmen der Reviergestaltung (z. B. Anlage und Erhaltung von Schutzgehölzen, Hecken und Äsungsflächen) und der jagdlichen Behandlung der Wildbestände, ohne eine einseitige „Überhege" zu betreiben, in besonderem Maße gefordert. Er hat die Möglichkeit und die Pflicht, aktiv im Sinne von Naturschutz und Landschaftspflege zu handeln und damit eine erstrebenswerte Jagdnutzung im ideellen und materiellen Sinne sicherzustellen.

63

Schutzgebiete

(§§ 20 ff BNatSchG, Art. 12 ff BayNatSchG, FFH-Richtlinie, VS-Richtlinie, BayNat2000V)

Zur Umsetzung der Ziele des Naturschutzes und der Landschaftspflege (→ Stichwort 64) können Teile von Natur und Landschaft unter Schutz gestellt werden. Im Bundesnaturschutzgesetz und im Bayerischen Naturschutzgesetz werden verschiedene nationale und internationale Schutzkategorien unterschieden, die jeweils eigene Ziele verfolgen und in denen unterschiedliche Schutzvorschriften bestehen. Die Zuständigkeiten reichen dabei je nach Schutzgebietstyp von der EU-Kommission und der Bayerischen Staatsregierung über die höheren Naturschutzbehörden bis hin zu den unteren Naturschutzbehörden an den Landratsämtern und kreisfreien Städten (→ Stichwort 67).
Solche Schutzgebiete oder schutzwürdigen Teile der Natur sind insbesondere:

a. Naturschutzgebiete, Nationale Naturmonumente
Naturschutzgebiete dienen – als Kernflächen des Naturschutzes – dem besonderen Schutz von Natur und Landschaft, insbesondere zur Erhaltung, Entwicklung oder Wiederherstellung von Biotopen oder Lebensgemeinschaften wild lebender Tier- und Pflanzenarten (z. B. Moore, Trocken- und Feuchtbiotope, stehende und fließende Gewässer). Sie bilden, zusammen mit den Nationalparks, die nach Naturschutzrecht am strengsten geschützten Gebiete. Die Ausweisung von Naturschutzgebieten erfolgt durch Rechtsverordnung der höheren Naturschutzbehörden (→ Stichwort 67). Betreu-

ung und Überwachung ist Aufgabe der unteren Naturschutzbehörde (→ Stichwort 67). In der Regel wird in diesen Verordnungen das Betretungsrecht auf die öffentlichen Wege und Straßen beschränkt, während die land- und forstwirtschaftliche Nutzung zumeist nicht eingeschränkt wird. Grundsätzlich darf in Naturschutzgebieten auch uneingeschränkt gejagt werden. Allerdings kann die jeweilige Naturschutzverordnung Einschränkungen der Jagdausübung vorsehen, wie etwa ein Verbot von Wildfütterungen und Kirrungen oder Einschränkungen für den Bau von Kanzeln. Ein vollständiges Verbot der Jagdausübung wird sich jedoch nur in Ausnahmefällen rechtfertigen lassen und wäre zudem entschädigungspflichtig.
In Bayern gibt es über 600 ausgewiesene Naturschutzgebiete. Sie nehmen über 2 % der Fläche Bayerns ein.
Wie Naturschutzgebiete sind sog. Nationale Naturmonumente zu schützen; dies sind Gebiete mit einzigartigen Naturerscheinungen von bundesweiter Bedeutung, die durch Rechtsverordnung der obersten Naturschutzbehörde (→ Stichwort 67) ausgewiesen werden.

b. Nationalparke

Nationalparke sollen eine Mindestfläche von 10 000 ha haben und im überwiegenden Teil ihres Gebietes den möglichst ungestörten Ablauf der Naturvorgänge in ihrer natürlichen Dynamik gewährleisten. Zudem sollen sie der wissenschaftlichen Umweltbeobachtung, der naturkundlichen Bildung sowie dem Naturerlebnis der Bevölkerung dienen. Sie werden in der Regel in eine Kern-, eine Entwicklungs- und (zum Teil) eine Erholungszone untergliedert.
In Bayern wird ein Nationalpark durch Rechtsverordnung von der Staatsregierung mit Zustimmung des Landtags ausgewiesen.
Bayern hat zwei Nationalparke, nämlich den 1970 gegründeten Nationalpark Bayerischer Wald (ca. 24 000 ha) und den 1978 gegründeten Nationalpark Berchtesgaden (ca. 21 000 ha); deutschlandweit gibt es insgesamt 16 Nationalparks (ca. 1 400 000 ha).
Nationalparke sind weltweit anzutreffen. Der erste Nationalpark war der 1872 in Nordamerika gegründete Yellowstone-Nationalpark.
Grundsätzlich ist eine wirtschaftliche Nutzung in Nationalparken nicht vorgesehen, also weder Land- und Forstwirtschaft noch Jagd oder Fischerei. Einzelheiten und Ausnahmeregelungen hierzu sowie weitergehende Regelungen (Betretungsrechte und -verbote, Verwaltungsregelungen etc.) finden sich in der ausweisenden Rechtsverordnung.

c. Landschaftsschutzgebiete

Im Gegensatz zu Naturschutzgebieten steht bei Landschaftsschutzgebieten, die oft großflächiger ausgelegt sind, aber geringeren Auflagen und Nutzungseinschränkungen unterliegen, das allgemeine Erscheinungsbild der Landschaft im Vordergrund. Jagdliche Einschränkungen können etwa bei der Anlage von Wildäckern, bei der Fallenjagd oder beim Aufstellen von Kanzeln verfügt werden. Sie dienen in erster Linie dem Schutz des Naturhaushalts und können auch ausgewiesen werden, um das Landschaftsbild für Tourismus und Erholung zu erhalten.
Auswahl und Ausweisung der Landschaftsschutzgebiete durch Rechtsverordnung erfolgen durch die unteren Naturschutzbehörden (→ Stichwort 67).

d. Naturparke

Naturparke sind großflächige Gebiete von mindestens 20 000 ha, die in weiten Teilen bereits als Landschafts- oder Naturschutzgebiete ausgewiesen sind. Sie dienen der Erholung, dem naturverträglichen Tourismus und einer umweltverträglichen Landnutzung („Schutz durch Nutzung"). Die Ausweisung erfolgt durch die oberste Naturschutzbehörde (→ Stichwort 67).

e. Naturdenkmale

Ein Naturdenkmal ist ein unter Naturschutz stehendes Landschaftselement. Damit sollen bestimmte und außergewöhnliche Erscheinungsformen der Natur, wie Felsformationen, Quellen, Einzelbäume, Alleen, Wasserläufe, Wasserfälle, Gletscherspuren, Bodenformen etc. unter Schutz gestellt werden.
Die Ausweisung durch Rechtsverordnung sowie die Pflege und Betreuung der einzelnen Objekte obliegt den unteren Naturschutzbehörden (→ Stichwort 67).

f. Geschützte Landschaftsbestandteile

Als geschützte Landschaftsbestandteile werden Teile der Kulturlandschaft ausgewiesen, die zwar von besonderer Bedeutung sind, jedoch nicht die strengen Kriterien von Naturdenkmalen erfüllen. Typische Beispiele sind Baumgruppen, Hecken, Feldgehölze, Moorflächen oder Streuwiesen.
Die Ausweisung erfolgt durch Rechtsverordnung der höheren Naturschutzbehörde bei Schutzobjekten über 10 ha, im Übrigen durch die untere Naturschutzbehörde (→ Stichwort 67). Letzterer obliegt auch die Pflege und Betreuung der geschützten Landschaftsbestandteile.

g. Biosphärenreservate

Ein Biosphärenreservat ist eine von der UNESCO (Organisation der Vereinten Nationen für Erziehung, Wissenschaft und Kultur mit Sitz in Paris) initiierte Modellregion, in der nachhaltige Entwicklung in ökologischer, ökonomischer und sozialer Hinsicht verwirklicht werden soll. Es geht dabei in erster Linie um den Schutz der vom Menschen geschaffenen Kulturlandschaften, nicht um Natur- oder Landschaftsschutz. Ausweisende Stelle ist in Bayern das Staatsministerium für Umwelt und Gesundheit als oberste Naturschutzbehörde (→ Stichwort 67).

h. Natura 2000, Fauna-Flora-Habitat-Richtlinie (FFH-Richtlinie), EU-Vogelschutzrichtlinie (VS-Richtlinie)

Natura 2000 ist die Bezeichnung für ein europäisches Netz schutzwürdiger Gebiete, das die Europäische Union im gesamten Gebiet der Mitgliedstaaten errichtet hat. Rechtsgrundlagen sind die FFH- und VS-Richtlinien, die im BNatSchG, im BayNatSchG sowie in der im Jahr 2016 in Kraft getretenen Bayerischen Natura 2000-Verordnung (BayNat2000V) in nationales bzw. Landesrecht umgesetzt wurden. Während die VS-Richtlinie der EU von 1979 den Schutz aller wild lebenden europäischen Vogelarten und ihrer Lebensräume vorsieht, ist Ziel der FFH-Richtlinie der EU aus dem Jahr 1992 der Erhalt besonders schutzwürdiger Lebensräume sowie Tier- und Pflanzenarten.

64

Besonderer, strenger und allgemeiner Artenschutz

(§§ 7 II Nr. 13 u. 14, 39, 44 ff BNatSchG, BArtSchV)

Der besondere und der strenge Schutz wild lebender Tier- und Pflanzenarten sind im Bundesnaturschutzgesetz und in der Bundesartenschutzverordnung geregelt. So finden sich im BNatSchG umfassende Zugriffs-, Besitz- und Vermarktungsverbote. Die Zugriffsverbote, wie etwa Tötungs-, Entnahme- und Verletzungsverbote, gelten sowohl für besonders geschützte wie auch für streng geschützte Arten. So darf sich etwa der Jagdausübungsberechtigte einen in seinem Revier aufgefundenen Singvogel oder Kauz nicht aneignen. Für streng geschützte Arten, wie etwa sämtliche europäi-

schen Greifvögel, Eulen und Fledermäuse, Biber und Fischotter etc. gelten darüber hinaus auch Störungsverbote; erhebliche Störungen während der Fortpflanzungs-, Aufzucht-, Mauser-, Überwinterungs- und Wanderzeiten sind danach zu unterlassen. Erheblich sind Störungen, wenn sich dadurch der Erhaltungszustand der örtlichen Population verschlechtert.
Weitere Vollzugsregelungen sowie eine Auflistung von besonders und streng geschützten Tier- und Pflanzenarten enthält die BArtSchV, insbesondere auch in ihren Anlagen.
Zu den mindestens besonders geschützten Arten gehören u. a. sämtliche einheimischen Vogelarten, wobei zahlreiche Arten wie z. B. Enten, Gänse, Taggreifvögel sowie das Auer-, Birk- und Rackelwild dem Jagdrecht unterliegen. Weiter sind die meisten heimischen Säugetierarten besonders geschützt, mit Ausnahme von Scher-, Rötel-, Erd-, Feld- und Hausmaus, Wander-, Haus- und Bisamratte, Amerikanischem Nerz (Mink), Sumpfbiber (Nutria), Marderhund und Waschbär. Sie unterliegen jedoch dem allgemeinen Artenschutz und insbesondere auch dem Schutz des Tierschutzrechts; Sumpfbiber, Waschbär und Marderhund in Bayern überdies dem Jagdrecht.
Es ist nach dem allgemeinen Artenschutz grundsätzlich verboten, wild lebende Tiere ohne vernünftigen Grund zu fangen, zu verletzen oder zu töten oder diese mutwillig zu beunruhigen sowie wild lebende Pflanzen zu schädigen oder deren Lebensstätten zu beeinträchtigen.
Beispiel: *Der Grundstückseigentümer darf eine Bisamratte, die am Gewässerufer Schaden anrichtet, mit zugelassenen Fallen fangen, da er einen vernünftigen Grund hierfür hat.*
Es gibt also keine völlig ungeschützten wild lebenden Tiere und Pflanzen.
Ausnahmen gelten für geringe Mengen bestimmter Pflanzenarten für den persönlichen Bedarf, wobei auch insoweit besonders oder streng geschützte Arten einem absoluten Pflückverbot unterliegen wie etwa Farne, Enziane, Arnika, Eisenhut, Krokusse, Schwertlilien, Fieberklee, Seerosen, Moosflechten, Küchenschelle, Frauenschuh, Akelei, Seidelbast, Trollblume, Türkenbund, Silberdistel, Frühlingsadonisröschen und Sonnentau.
Nach dem allgemeinen Artenschutz ist es u. a. weiter verboten, Hecken, Gebüsche, Rohr- und Schilfbestände sowie andere Gehölze in der Zeit vom 01. März bis zum 30. September abzuschneiden oder auf den Stock zu setzen, mit Ausnahme von Pflegeschnitten.

65

Rote Listen

Als Rote Listen bezeichnet man die von der Weltnaturschutzunion (IUCN) veröffentlichten Zusammenstellungen der weltweit vom Aussterben bedrohten Tier- und Pflanzenarten, aber auch Verzeichnisse gefährdeter Arten von anderen Herausgebern (internationale Organisationen, Staaten, Bundesländer, Naturschutzverbände etc.).
So ist das LfU Bayern (→ Stichwort 69) Herausgeber der Roten Liste über die gefährdeten Tier- und Pflanzenarten in Bayern.

66

Invasive Arten

(§ 28 a BJG, § 40–40 f BNatSchG)

Invasiv ist eine Art, deren Vorkommen außerhalb ihres natürlichen Verbreitungsgebiets für die dort natürlich vorkommenden Ökosysteme, Biotope oder Arten ein erhebliches Gefährdungspotenzial darstellt. Die invasiven Tier- und Pflanzenarten sind in der sog. „Unionsliste", einer rechtsverbindlichen Zusammenstellung invasiver Arten von unionsweiter Bedeutung, aufgeführt. Neben diversen Pflanzen und wirbellosen Tieren wird beispielsweise die Nilgans, der Sumpfbiber (Nutria), Marderhund, Waschbär und die Bisamratte zu den invasiven Arten gezählt. Um die weitere Ausbreitung invasiver Arten einzudämmen, sind am 16.09.2017 Änderungen im Bundesnaturschutzgesetz (§§ 40–40 f BNatSchG) sowie am 15.03.2018 im Bundesjagdgesetz (§ 28 a BJG) in Kraft getreten. Damit wurden die Vorgaben einer EU-Verordnung über die Behandlung invasiver Arten umgesetzt. Dahin gehende Maßnahmen, die mit jagdlichen Mitteln erfolgen, sind, dessen Zustimmung vorausgesetzt, von oder im Einvernehmen mit dem Jagdausübungsberechtigten durchzuführen.

67

Bayerische Naturschutzbehörden, Naturschutzbeiräte

(Art. 43, 48 BayNatSchG)

a. Untere Naturschutzbehörde ist in den Landkreisen das jeweilige Landratsamt (Kreisverwaltungsbehörde), in kreisfreien Städten die Stadt.
b. Höhere Naturschutzbehörde ist die jeweilige Bezirksregierung (→ Stichwort 43).
c. Oberste Naturschutzbehörde ist das Staatsministerium für Umwelt und Gesundheit mit Sitz in München.

Zur wissenschaftlichen und fachlichen Beratung sind bei den Naturschutzbehörden Beiräte aus sachverständigen Personen zu bilden (Naturschutzbeiräte).

68

Bayerische Naturschutzwacht

(Art. 49 BayNatSchG)

Die Angehörigen der Naturschutzwacht sind ehrenamtliche Mitarbeiter im Außendienst bei der unteren Naturschutzbehörde (→ Stichwort 67). Ihre Aufgabe ist es, das Vorgehen gegen Umweltsünder zu unterstützen und Zuwiderhandlungen gegen entsprechende Rechtsvorschriften festzustellen, zu unterbinden und bei der Verfolgung mitzuwirken. Hierzu sind sie befugt, Personen zur Personalienfeststellung anzuhalten, vorübergehende Platzverweise und Betretungsverbote zu erteilen sowie unberechtigt entnommenes Gut oder Hilfsmittel sicherzustellen. Sie haben sich durch Dienstabzeichen und -ausweis zu legitimieren. Weitergehende polizeiliche Befugnisse stehen der Naturschutzwacht aber nicht zu.

69

Bayerisches Landesamt für Umwelt und Akademie für Naturschutz und Landschaftspflege

(Art. 46, 47 BayNatSchG)

Das Bayerische Landesamt für Umwelt (LfU Bayern) ist die zentrale Fachbehörde für Umwelt und Naturschutz, Geologie und Wasserwirtschaft in Bayern mit Hauptsitz in Augsburg. Das LfU ist auch Herausgeber der Roten Liste über die gefährdeten Tier- und Pflanzenarten in Bayern, deren Ziel darin besteht, die Gefährdungssituation der Rote-Liste-Arten zu verbessern (siehe auch → Stichwort 65).
Die Akademie für Naturschutz und Landschaftspflege (ANL) mit Sitz in Laufen betreibt Forschung im Bereich des Natur- und Landschaftsschutzes sowie Öffentlichkeitsarbeit, insbesondere auch durch entsprechende Lehrgänge.

70

Straftaten und Ordnungswidrigkeiten

(§§ 69 ff BNatSchG, Art. 57 f BayNatSchG, Art. 16 BArtSchV)

Verstöße gegen naturschutzrechtliche Vorschriften werden zwar überwiegend als Ordnungswidrigkeiten geahndet. Wer aber beispielsweise streng geschützten Tierarten nachstellt oder diese vorsätzlich erheblich stört, begeht eine Straftat, die mit Freiheitsstrafe oder Geldstrafe geahndet wird.

Bundeswaldgesetz, Bayerisches Waldgesetz 71–74

71

Gesetzeszweck

(§ 1 BWaldG, Art. 1 BayWaldG)

Das Gesetz zur Erhaltung des Waldes und zur Förderung der Forstwirtschaft (Bundeswaldgesetz) sowie ergänzend das Bayerische Waldgesetz verfolgen den Zweck,

a. den Wald wegen seines wirtschaftlichen Nutzens (Nutzfunktion), seiner Bedeutung für die Umwelt (Schutzfunktion) und für die Erholung der Bevölkerung (Erholungsfunktion)
   (1) zu erhalten (Genehmigungspflicht für Rodung),
   (2) falls erforderlich zu mehren (Erstaufforstung wird in der Regel genehmigt),
   (3) die Bewirtschaftung zu sichern (Wiederaufforstungsverpflichtung von Kahlflächen innerhalb von drei Jahren),
b. die Forstwirtschaft zu fördern (Bundes- und Landeszuschüsse; forstwirtschaftliche Zusammenschlüsse) und
c. den Interessenausgleich zwischen der Allgemeinheit und den Belangen der Waldbesitzer herbeizuführen (Waldbetretungsrecht, Erholungs- und Schutzwälder, Regelungen zur Eindämmung der Feuergefahr etc.).

72

Waldeigentumsarten

(§ 3 BWaldG)

Entsprechend den jeweiligen Waldeigentümern wird unterschieden zwischen Staatswald (Staatsforst), Körperschaftswald und Privatwald.
Als Staatswald werden Wälder in staatlichem Eigentum bezeichnet. Ein Körperschaftswald steht im Eigentum von anderen Körperschaften des öffentlichen Rechts wie etwa Gemeinden (Stadtwald, Gemeindewald, Kommunal-

wald), öffentlich rechtlichen Stiftungen und Zweckverbänden oder auch Universitäten (Universitätsforst). Privatwald ist der Wald, der weder Staatswald noch Körperschaftswald ist.

73

Schutzwald, Erholungswald, Bannwald, Naturwaldreservate

(Art. 10–12 a BayWaldG)

Es wird zwischen permanentem und temporärem Schutzwald unterschieden. Der temporäre Schutzwald hat die Aufgabe, benachbarten Wald vor Sturmschäden zu schützen. Permanenter Schutzwald ist Wald in den Hoch- und Kammlagen der Alpen und Mittelgebirge; Wald, der seinen eigenen Standort vor Verkarstung, Erosion und Humusschwund schützt und Wald, der vor Naturgefahren wie Lawinen, Felsstürzen, Steinschlägen, Erdabrutschungen, Hochwassern, Überflutungen, Bodenverwehungen oder ähnlichen Gefahren schützt oder Flussufer erhält. In Schutzwäldern können u. a. Handlungen, die die Schutzfunktion beeinträchtigen würden, untersagt werden; Maßnahmen zu deren Erhaltung sind zu dulden. Dasselbe gilt für Erholungswälder. Dies sind Wälder, denen eine außergewöhnliche Bedeutung für die Erholung der Bevölkerung zukommt und die durch Rechtsverordnung zum Erholungswald erklärt wurden. Meist handelt es sich dabei um Staats- oder Körperschaftswälder.

Wald, der vor allem in Verdichtungsräumen und waldarmen Gebieten unersetzlich ist und dem eine außergewöhnliche Bedeutung für das Klima, den Wasserhaushalt oder die Luftreinigung zukommt, kann durch Rechtsverordnung zum Bannwald erklärt werden und steht damit unter besonderem Schutz. Selbst eine Rodung mit Genehmigung darf dort nur erfolgen, wenn direkt angrenzend eine nahezu gleichwertige Erstaufforstung gewährleistet ist.

Naturwaldreservate werden auf Antrag des Waldbesitzers eingerichtet und sind Wälder, die sich in einem weitgehend naturnahen Zustand befinden; im Laufe der Zeit entstehen „Urwälder“ mit starken Bäumen und viel Totholz. Dadurch sollen insbesondere Erkenntnisse für eine naturnahe Forstwirtschaft im Zeichen des Klimawandels gewonnen sowie eine biologische Vielfalt gesichert werden. Es findet dort keine Bewirtschaftung und keine Holzentnahme statt.

74

Feuergefahr

(Art. 17 BayWaldG)

In der Zeit vom 01. März bis zum 31. Oktober herrscht im Wald Rauchverbot; ebenso ist es ohne Erlaubnis u. a. verboten, im Wald oder weniger als 100 m davon entfernt, eine offene Feuerstätte zu betreiben. Diese Verbote gelten allerdings insbesondere nicht für den Waldbesitzer, Waldarbeiter und die Jagdausübungsberechtigten, da der Gesetzgeber bei diesem Personenkreis einen vernünftigen Umgang mit der Feuergefahr voraussetzt. Allerdings ohne Ausnahme ist es verboten, im Wald oder weniger als 100 m davon entfernt offenes Licht (z. B. Gas- oder Petroleumlampen) zu verwenden, brennende oder glimmende Sachen wegzuwerfen sowie Feuer unbeaufsichtigt zu belassen.

IV. Lebensmittelrecht 75–81

VO (EG) 178/2002, 852 und 853/2004, 2017/625, DVO (EU) 2015/1375, Lebensmittel- und Futtermittelgesetzbuch, Lebensmittelhygiene-Verordnung, Tierische Lebensmittel-Hygieneverordnung, Tierische Lebensmittel-Überwachungsverordnung

75

Rechtsgrundlagen der Wildbretgewinnung, -hygiene, -verwertung und -vermarktung

a. Die Europäische Union (EU) hat die Standards für das Lebensmittelrecht und die Lebensmittelhygiene durch mehrere Verordnungen einheitlich festgelegt, die in allen Mitgliedsstaaten unmittelbar geltendes Recht darstellen. Sie regeln auch die Gewinnung, Verwertung und Vermarktung des Lebensmittels Wildbret durch den Jäger.
Für den Jäger sind insbesondere von Bedeutung:
(1) *VO (EG) Nr. 178/2002* (EU-Basisverordnung) zur Festlegung einheitlicher Grundsätze des Lebensmittelrechts, insbesondere der Lebensmittelsicherheit.
(2) *VO (EG) 852 und 853/2004, 2017/625* mit allgemeinen und spezifischen Hygienevorschriften für Lebensmittel tierischen Ursprungs sowie zur Lebensmittelüberwachung.
(3) *DVO (EU) 2015/1375* zu Fleischuntersuchungen auf Trichinen.
b. Auf nationaler Ebene wurden die Vorgaben der EU durch den Bund umgesetzt, wobei hier für den Jäger insbesondere von Bedeutung sind:
(1) *Lebensmittel- und Futtermittelgesetzbuch* (LFGB)
(2) *Lebensmittelhygiene-Verordnung* (LMHV)
(3) *Tierische Lebensmittel-Hygieneverordnung* (Tier-LMHV)
(4) *Tierische Lebensmittel-Überwachungsverordnung* (Tier-LMÜV)

76

Wildbretverwertung für den eigenen häuslichen Verbrauch

Es gilt nationales, kein EU-Recht. Der Jäger hat sämtliches Wild, das dem menschlichen Verzehr zugeführt werden soll, vor und nach dem Schuss auf bedenkliche Merkmale, die das Fleisch als gesundheitlich bedenklich erscheinen lassen, zu untersuchen.

Einer Anmeldung zur amtlichen Fleischuntersuchung durch einen Tierarzt unterliegt im Fall der Eigenverwertung nur Großwild (Dachs, Rehwild und größer, kein Federwild), wenn der Jäger vor oder nach dem Erlegen bedenkliche Merkmale (Anlage 4 Nr. 1.3 zur Tier-LMHV) festgestellt hat.

Bedenkliche Merkmale vor dem Erlegen sind beispielsweise:

- *Das Ablegen der natürlichen Scheu*
- *Abmagerung*
- *Angriffslust*
- *Unnatürliche Körperhaltung oder Lautäußerungen*
- *Verletzungen (offene Knochenbrüche etc.)*
- *Verschmutzung des Weidloches*
- *Heftiger Juckreiz*
- *Unnatürliches Haarkleid*
- *Sonstige abnorme Verhaltensweisen oder Störungen des Allgemeinbefindens*

Aber auch nach dem Erlegen, also insbesondere beim Aufbrechen, Zerwirken und weiteren Behandeln ist das Wild auf Merkmale zu untersuchen, die das Fleisch als gesundheitlich bedenklich erscheinen lassen, wie etwa:

- *Geschwülste oder Abszesse, wenn sie zahlreich oder verteilt in inneren Organen oder in der Muskulatur vorkommen*
- *Schwellungen der Gelenke oder Hoden, Hodenvereiterung, Leber- oder Milzschwellung, Darm- oder Nabelentzündung, bei Federwild Entzündung des Herzens, des Drüsen- oder Muskelmagens*
- *Fremder Inhalt in den Körperhöhlen, insbesondere Magen- und Darminhalt oder Harn, wenn Brust- oder Bauchfell verfärbt ist*
- *Erhebliche Gasbildung im Magen- und Darmkanal mit Verfärbung der inneren Organe*
- *Erhebliche Abweichungen der Muskulatur oder der Organe in Farbe, Konsistenz oder Geruch*

- *Offene Knochenbrüche, soweit sie nicht mit dem Erlegen in Zusammenhang stehen*
- *Erhebliche Abmagerung*
- *Frische Verklebungen und Verwachsungen von Organen mit Brust- oder Bauchfell*
- *Geschwülste oder Wucherungen im Kopfbereich oder an den Ständern bei Federwild*
- *Verklebte Augenlieder, Anzeichen von Durchfall, insbesondere im Bereich der Kloake sowie Verklebungen und sonstige Veränderungen der Befiederung, Haut- und Kopfanhänge sowie Ständer bei Federwild*
- *Sonstige erhebliche sinnfällige Veränderungen außer Schussverletzungen*

> **Achtung:** *Sämtliches Wild, das nicht durch Erlegen, also nach jagdrechtlichen Vorschriften getötet worden ist, insbesondere Unfallwild oder anderweitig ohne oder durch äußere Gewalteinwirkung zu Tode gekommene Stücke (Fallwild, verendetes Wild; → Stichwort 9), ist zu verwerfen. Stücke, die nach einem Unfall oder längerer Nachsuche mit einem Fangschuss gestreckt wurden, dürfen nur nach einer amtlichen Fleischuntersuchung verwertet werden.*

Darüber hinaus ist eine amtliche Untersuchung auf Trichinen bei allen Haarwildarten, die dem menschlichen Verzehr zugeführt werden sollen und Träger von Trichinen sein können (Schwarzwild, Dachse, Sumpfbiber, Bären und andere auch fleischfressende Tiere) zwingend vorgeschrieben. Um die Proben hierfür selbst entnehmen zu dürfen, muss der Jäger Inhaber eines Jahresjagdscheines und zuverlässig für diese Aufgabe sein sowie an einer entsprechenden Schulung teilgenommen haben. Anschließend kann das zuständige Landratsamt oder die kreisfreie Stadt die Probenentnahme im Fall von Wildschweinen und Dachsen auf den Jäger übertragen und dabei den räumlichen Geltungsbereich (z. B. Revier des Antragstellers) und die zuständige Untersuchungsstelle festlegen (§ 6 II Tier-LMÜV). Die Anmeldung zur amtlichen Trichinenuntersuchung, die Dokumentation des Untersuchungsergebnisses und die Identitätssicherung des untersuchungspflichtigen Stückes sind Bestandteile des sog. Wildursprungsscheins zusammen mit der am Wild anzubringenden Wildursprungsmarke. Die Proben werden in der Regel aus dem Zwerchfellpfeiler oder einem Vorderlauf entnommen. Es ist daher beim Aufbrechen (Entfernen der Lunge) darauf zu achten, dass die Zwerchfellpfeiler nicht zerstört werden.

77

Möglichkeiten der Wildbretvermarktung durch den Jäger

Neben der Eigenverwertung (→ Stichwort 76) stehen dem Jäger die folgenden vier Vermarktungswege mit unterschiedlichen Hygieneanforderungen zur Verfügung:

a. Abgabe kleiner Mengen (höchstens die Strecke eines Jagdtages) von selbst erlegtem Wild in der Decke, der Schwarte oder dem Federkleid (Primärerzeugnis) an Privatpersonen (Endverbraucher) oder an örtliche, bis zu 100 km um den Wohnort des Jägers oder den Erlegeort gelegene Betriebe des Einzelhandels (Gastronomie, Metzgereien).
Der Jäger muss eine ausreichend geschulte Person sein. Personen, die nach dem 01.02.1987 die Jägerprüfung bestanden haben oder eine entsprechende Nachschulung absolviert haben, gelten in diesem Sinne als geschult. Die Hygieneanforderungen nach Anlage 2 der LMHV und Anlage 4 der Tier-LMHV sind einzuhalten. Daneben müssen Personen, die beim Herstellen oder Inverkehrbringen von Fleisch oder Erzeugnissen daraus mit diesen in Berührung kommen, eine Erstbelehrung (früher: „Gesundheitszeugnis") nach § 43 IfSG vorweisen können. Bei Feststellung bedenklicher Merkmale (Anlage 4 Nr. 1.3 der Tier-LMHV) vor oder nach dem Schuss besteht die Verpflichtung zur amtlichen Fleischuntersuchung. Eine entsprechende Untersuchung des Stückes, insbesondere der inneren Organe, ist ohne Aufbrechen nicht möglich. Daher ist es verboten, erlegtes Wild unausgeweidet an den Verbraucher abzugeben.
Bei Schwarzwild, Sumpfbiber, Dachsen und sonstigen trichinenträchtigen Tieren besteht grundsätzlich die Verpflichtung zur amtlichen Untersuchung auf Trichinen (→ Stichwort 76).
Letztlich hat der Jäger die Rückverfolgbarkeit sicherzustellen und ist verpflichtet, zu dokumentieren, wann er welches Erzeugnis (Wild in der Decke, zerwirktes Wild, Wildfleischerzeugnisse) an andere Lebensmittelunternehmer (z. B. Metzgereien, Gaststätten, Kantinen etc.) abgegeben hat. Diese Verpflichtung gilt nicht bei der Abgabe an Endverbraucher.

b. Abgabe kleiner Mengen von selbst erlegtem und aus der Decke/ Schwarte geschlagenem oder gerupftem und gegebenenfalls zerwirktem Wildbret, das an Privatpersonen (Endverbraucher) oder an örtliche Betriebe des Einzelhandels abgegeben wird.

Der Jäger muss eine ausreichend geschulte Person sein. Die Hygieneanforderungen nach Anhang II der VO (EG) Nr. 852/2004, Anlage 2 der LMHV und Anlage 4 der Tier-LMHV müssen eingehalten werden. Die Erstbelehrung nach dem Infektionsschutzgesetz muss erfolgt sein. Darüber hinaus sind Eigenkontrollen der Betriebsabläufe zur Gefahrenbeherrschung zu beschreiben und durchzuführen. Es müssen geeignete Räumlichkeiten vorhanden sein. Bei Feststellung bedenklicher Merkmale besteht immer die Pflicht zur amtlichen Fleischuntersuchung, bei trichinenträchtigem Wild zur amtlichen Untersuchung auf Trichinen, außer bei Abgabe an andere Jäger, örtliche Einzelhandelsbetriebe oder Wildhandels- oder Wildbearbeitungsbetriebe. Mit Ausnahme der Abgabe an Endverbraucher muss auch die Rückverfolgbarkeit gewährleistet sein. Schließlich muss sich der Jäger als Lebensmittelunternehmer (Direktvermarkter) bei der zuständigen Behörde registrieren lassen (Meldung nach Art. 6 VO (EG) Nr. 852/2004).

c. Abgabe von selbst erlegtem Wild in der Decke (Primärerzeugnis) an EU-zugelassene Wildhandels- oder Wildbearbeitungsbetriebe ohne Mengenbegrenzung.

Die Hygieneanforderungen nach Anhang III Abschnitt IV Kapitel II der VO (EG) 853/2004, Anlage 2 der LMHV und Anlage 4 der Tier-LMHV sind einzuhalten.

Ist der Jäger keine kundige Person, also lediglich nicht geschulte oder geschulte Person, so hat er nur die Möglichkeit, sein Wild in der Decke zusammen mit Kopf und Eingeweiden (außer Magen-Darm-Trakt) an einen EU-zugelassenen Wildbearbeitungsbetrieb abzugeben. Dort erfolgt sodann die amtliche Fleisch- und gegebenenfalls Trichinenuntersuchung.

Als kundige Person muss der Jäger grundsätzlich Kopf und Eingeweide nicht mitliefern, es sei denn, es wurden bedenkliche Merkmale festgestellt. Bei trichinenuntersuchungspflichtigem Wild sind allerdings Zwerchfell und Kopf beizufügen, da die amtliche Untersuchung auf Trichinen, ebenso wie die amtliche Fleischuntersuchung, im Wildbearbeitungsbetrieb erfolgt.

Als kundige Person wird ein Jäger bezeichnet, der aufgrund seiner besonderen und zusätzlichen Ausbildung in der Lage und berechtigt ist, erste Unter-

suchungen des erlegten Wildes, also des Wildkörpers und aller ausgenommenen Eingeweide, vorzunehmen und dann zu bestätigen, dass entweder keine Merkmale, die auf eine gesundheitliche Bedenklichkeit schließen lassen, vorgelegen haben, oder welche bedenklichen Merkmale an dem Stück festzustellen sind. In dieser Bestätigung (Wildbegleitschein) sind neben dem Ergebnis der Begutachtung auch der Ort, das Datum und die Zeit des Erlegens anzugeben. Die kundige Person muss, zusätzlich zur geschulten Person, über Kenntnisse der Umweltkontamination sowie der entsprechenden Vorschriften über Wildbretgewinnung-, -hygiene, -verwertung und -vermarktung (→ Stichwort 75) verfügen. Seit 01.02.2006 bestandene Jägerprüfungen qualifizieren den Prüfling als kundige Person. Personen, die vor dem 01.02.2006 die Jägerprüfung bestanden haben, müssen sich insoweit einer Nachschulung unterziehen.
Schließlich muss sich der Jäger als Lebensmittelunternehmer bei der zuständigen Behörde registrieren lassen, die Rückverfolgbarkeit sicherstellen und nach § 43 IfSG erstbelehrt sein.

d. Herstellung von Wildfleischprodukten (z. B. Wurst oder Schinken) und Abgabe an Endverbraucher oder Abnahme von Wild anderer Jäger und Abgabe an Endverbraucher oder den örtlichen Einzelhandel.
In diesen Fällen hat der Jäger den Status eines Einzelhändlers (Wildfleischgeschäft). Es besteht Registrierpflicht als Lebensmittelunternehmer unter Angabe der Betriebsstätte.
Die Hygieneanforderungen Anhang II der VO (EG) Nr. 852/2004, der LMHV und Anlage 5 der Tier-LMHV sind einzuhalten.
Erweiterte Eigenkontrollen der Betriebsabläufe (Temperaturkontrollen, Reinigungs- und Desinfektionsplan, Kontrolle der Schädlingsbekämpfung) samt Dokumentation, auch durch regelmäßige Probenentnahmen, sind Pflicht. Es müssen geeignete Betriebsräume vorhanden sein. Die Erstbelehrung hat nach § 43 Infektionsschutzgesetz zu erfolgen.
Bei Feststellung bedenklicher Merkmale ist eine amtliche Fleischuntersuchung, bei empfänglichem Wild zusätzlich eine amtliche Untersuchung auf Trichinen erforderlich.
Schließlich muss der Jäger, außer bei Abgabe an den Endverbraucher, auch hier entsprechend für die Rückverfolgbarkeit Sorge tragen.

78

Wildbretuntersuchung auf radioaktive Belastungen

Eine Verpflichtung zur Untersuchung auf radioaktive Belastungen (Cäsium 134 und Cäsium 137), insbesondere von Schwarzwild nach dem Unfall im Kernkraftwerk von Tschernobyl am 26.04.1986, besteht bei einem Eigenverzehr des Wildbrets grundsätzlich nicht. Vor einem Inverkehrbringen des Stückes ist allerdings in gefahrgeneigten Regionen eine entsprechende Untersuchung zu veranlassen, da der Jäger als Lebensmittelunternehmer nach einer Empfehlung der EU-Kommission (2003/274/Euratom) einen Grenzwert von 600 Becquerel Radiocäsiumgehalt pro Kilogramm Wildfleisch einhalten muss, um seiner Sorgfaltspflicht nach der VO (EG) 178/2002 zu genügen. Wird dieser Grenzwert überschritten, ist das Stück bei einer Tierkörperverwertungseinrichtung zu entsorgen und der Jäger kann nach § 38 II AtG unter Vorlage des Messprotokolls einer qualifizierten Wildbretmessstelle samt Entsorgungsbeleg eine entsprechende Entschädigung beim Bundesverwaltungsamt beantragen.

79

Sachliche Verbote

Es ist verboten,

a. erlegtes Wild unausgeweidet an den Verbraucher abzugeben,
b. Wild im Wald aus der Decke zu schlagen; außer, es kann nur ohne Decke transportiert werden,
c. Wild in der Decke oder ungerupftes und nicht ausgenommenes Federwild einzufrieren,
d. trichinenempfängliches Wild ohne vorherige amtliche Untersuchung an Endverbraucher, die keine Jäger sind, abzugeben und
e. vor Bekanntgabe der Trichinenfreiheit durch den Veterinär, das Stück zu be- und verarbeiten, abzuschwarten, zu zerwirken, einzufrieren oder zuzubereiten.

80

Grundsätze des Umgangs mit erlegtem Wild (sachliche Gebote)

Der Jäger, der Wild oder Wildfleisch mit oder ohne Gewinnerzielungsabsicht an Dritte abgibt, ist Fleischkontrolleur und Fleischvermarkter in einer Person und als Lebensmittelunternehmer für die Qualität und gesundheitliche Unbedenklichkeit des Produktes verantwortlich. Hierzu gehört insbesondere eine weidgerechte Bejagung, eine ordnungsgemäße Versorgung des Wildes sowie eine sachgerechte Behandlung des Wildbrets (Beachtung der Hygienestandards, Kühlung etc.). Abgesehen von der Eigenverwertung sind dabei immer die Grundsätze der VO (EG) Nr. 178/2002, ergänzt durch das LFGB, zu beachten, wonach nur sichere, nicht gesundheitsschädliche und rückverfolgbare Lebensmittel in Verkehr gebracht werden dürfen. Darüber hinaus sind die je nach Vermarktungsweg unterschiedlichen lebensmittelhygienerechtlichen Anforderungen nach EU- und nationalem Recht (→ Stichwort 77) zu beachten.

Um dies sicherzustellen, hat der Jäger u. a. folgende grundsätzlichen Anforderungen (sachliche Gebote) zu beachten:

a. Stressvermeidung für das Stück vor dem Schuss (schlechte Fleischreifung).
b. Weidgerechter Sitz des Schusses (keine Weidwundschüsse mit hoher Keimbelastung).
c. Kurze Zeitspanne zwischen Schuss und Tod sowie Tod und Versorgung.
d. Zeitnahes Aufbrechen und Versorgen zur Vermeidung stickiger Reifung und Fäulnis.
e. Aufbrechen im Hängen (Kopf nach unten).
f. Einmalhandschuhe benutzen.
g. Mit Messer nicht in das Wildbret stechen, Messer nicht auf den Boden legen oder hineinstecken.
h. Wasserkanister und Plastiktransportwanne mitführen.
i. Verunreinigungen abschärfen und nicht mit Wasser im Wildkörper verteilen.
j. Hygienischer Transport des vor Ort aufgebrochenen Stückes (abgedeckt in Wildwanne) oder unverzügliches Verbringen in eine Wildkammer zur dortigen Versorgung.

Achtung: *Kein Übereinanderlegen von Wildkörpern wegen Hitzestau und Gefahr der gegenseitigen Verunreinigung.*

k. Abhängen in der Decke, luftig, bei gleichmäßiger Lagertemperatur, damit das Fleisch nicht austrocknet (Großwild mindestens drei Tage, je größer, desto länger; Kleinwild mindestens zwei Tage).
l. Wildkühlung nach dem Aufbrechen und Ausweiden (Großwild: maximal 7 °C; Kleinwild: maximal 4 °C; Innereien: maximal 3 °C).
m. Einfrieren nur für Privatgebrauch und nach abgeschlossener Fleischreifung.
n. Wildkammer und sonstige Bearbeitungsräume entsprechen den lebensmittelhygienischen Anforderungen (→ Stichwort 75). Ihre sonstige Verwendung und darin gelagerte Gegenstände dürfen das Wildbret nicht nachteilig beeinflussen.
o. Hygienisch einwandfreies Zerwirken (Messergriffe aus Kunststoff, Wasser mit Trinkwasserqualität, abwaschbare Schürze, Einweghandschuhe, anschließend gründliche Reinigung etc.).

81

Straftaten und Ordnungswidrigkeiten

Verstöße gegen lebensmittelrechtliche Vorschriften können eine Straftat oder eine Ordnungswidrigkeit darstellen und als Straftat, je nach Tatbestand, mit Freiheitsstrafe bis zu drei Jahren, in besonders schweren Fällen bis zu fünf Jahren oder mit Geldstrafe geahndet werden. Gibt der Jäger beispielsweise kleine Mengen von erlegtem Wild ohne erforderliche amtliche Fleischuntersuchung oder erforderliche Untersuchung auf Trichinen an Endverbraucher ab, begeht er eine Straftat. In der weit überwiegenden Zahl der Verstöße werden in der Praxis allerdings Bußgeldbescheide im Rahmen eines Ordnungswidrigkeitenverfahrens erlassen oder nur Verwarnungen ausgesprochen.

V. Waffenrecht 82–91

Waffengesetz, Allgemeine Waffengesetz-Verordnung, Allgemeine Verwaltungsvorschrift zum Waffengesetz, Beschussgesetz, Beschussverordnung, Kriegswaffenkontrollgesetz

82

Rechtsgrundlagen des Waffenrechts

Das Waffengesetz (WaffG) beinhaltet Regelungen für den Waffenbesitzer zum Schutz der öffentlichen Sicherheit und Ordnung, wobei deren Nichtbeachtung eine Straftat oder Ordnungswidrigkeit (→ Stichwort 45) begründen kann (siehe im Einzelnen §§ 51–54 WaffG), während das Beschussgesetz (BeschG) die Prüfung und Zulassung von Waffen und Munition zur Sicherheit des Verwenders regelt. Ergänzt wird das Waffengesetz durch zwei Anlagen. Anlage 1 enthält die wichtigsten Begriffsdefinitionen, Anlage 2 die sog. „Waffenliste“, aus der sich ergibt, ob die betreffende Waffe oder Munition verboten ist oder irgendwelchen Umgangsbeschränkungen unterliegt und gegebenenfalls welchen.
Die Allgemeine Waffengesetz-Verordnung (AWaffV) enthält nähere Regelungen, beispielsweise zur Sachkunde, persönlichen Eignung oder Aufbewahrung von Waffen und Munition, während die Allgemeine Verwaltungsvorschrift zum Waffengesetz (WaffVwV) einen „amtlichen Kommentar“ zum Waffengesetz darstellt, durch den die Umsetzung des Waffenrechts nach einheitlichen Vorgaben erzielt werden soll. Die Beschussverordnung (BeschussV) enthält insbesondere Verfahrensvorschriften zum Beschussgesetz, etwa bei der Beschussprüfung.

83

Waffenrechtliche Begriffsdefinitionen

(§§ 1 II, IV, 10 III, IV, V, 42a WaffG, Anlage 1 zum WaffG)

Waffen sind:

a. Schusswaffen oder ihnen gleichgestellte Gegenstände und
b. tragbare Gegenstände,
   (1) die ihrem Wesen nach dazu bestimmt sind, die Angriffs- oder Abwehrfähigkeit von Menschen zu beseitigen oder herabzusetzen, insbesondere Hieb- und Stoßwaffen;
   (2) die, ohne dazu bestimmt zu sein, insbesondere wegen ihrer Beschaffenheit, Handhabung oder Wirkungsweise geeignet sind, die Angriffs- oder Abwehrfähigkeit von Menschen zu beseitigen oder herabzusetzen, und die im Waffengesetz genannt sind.

Schusswaffen sind Gegenstände, bei denen Geschosse durch einen Lauf getrieben werden und die beispielsweise zur Jagd bestimmt sind.

> **Achtung:** *Werden die Geschosse durch Muskelkraft angetrieben und die eingebrachte Energie nicht gespeichert, wie etwa bei einem Blasrohr, findet das Waffengesetz keine Anwendung.*

Automatische Schusswaffen (siehe auch → Stichwort 26) sind Schusswaffen, die nach Abgabe eines Schusses selbstständig erneut schussbereit werden und bei denen aus demselben Lauf durch einmalige Betätigung des Abzuges oder einer anderen Schussauslösevorrichtung mehrere Schüsse abgegeben werden können (Vollautomaten) oder durch einmalige Betätigung des Abzuges oder einer anderen Schussauslösevorrichtung jeweils nur ein Schuss abgegeben werden kann (Halbautomaten).

> **Achtung:** *Der Revolver im System Double-Action ist keine halbautomatische Waffe, da bei ihm das Ausziehen und Auswerfen der abgeschossenen Hülse und das Nachladen nicht selbstständig erfolgen, sondern durch die vom Schützen bei der Abzugsbetätigung aufgebrachte Muskelkraft.*

Bei Repetierwaffen wird nach Abgabe eines Schusses über einen von Hand zu betätigenden Mechanismus Munition aus einem Magazin in das Patronenlager nachgeladen.
Einzellader sind Schusswaffen ohne Magazin, die vor jedem Schuss von Hand geladen werden.
Langwaffen sind Schusswaffen, deren Lauf und Verschluss in geschlossener Stellung insgesamt länger als 30 cm sind und deren kürzeste bestimmungsgemäß verwendbare Gesamtlänge 60 cm überschreitet; Kurzwaffen sind alle anderen Schusswaffen.
Gleichgestellte Gegenstände sind insbesondere Geräte zum Abschießen von Kartuschenmunition, also Schreckschuss- und Reizstoffwaffen, die einen Gaslauf haben, und Signalwaffen. Hierunter fallen auch Gegenstände, bei denen die Antriebsenergie durch Muskelkraft oder eine andere Energiequelle eingebracht wird und die so gewonnene Energie gespeichert oder gehalten werden kann, also beispielsweise Armbrüste (außer Spielzeugarmbrüste mit Saugnapfpfeilen).

> **Achtung:** *Pfeil und Bogen sind damit mangels Speichermöglichkeit der Antriebsenergie keine den Schusswaffen gleichgestellten Gegenstände.*

Wesentliche Teile von Schusswaffen und Schalldämpfer stehen, soweit das Waffengesetz nichts anderes bestimmt, den Schusswaffen gleich, für die sie bestimmt sind. Wesentliche Teile sind u. a. der Lauf, der Verschluss, das Patronenlage und bei Kurzwaffen auch das Griffstück. Austauschläufe können ohne Nacharbeit ausgetauscht werden, während Wechselläufe noch eingepasst werden müssen. Einsteckläufe haben keinen eigenen Verschluss und werden in die Läufe von Waffen größeren Kalibers eingesteckt.
Schalldämpfer sind Vorrichtungen, die der wesentlichen Dämpfung des Mündungsknalls von Schusswaffen dienen (siehe hierzu auch → Stichworte 26 und 84).
Anscheinswaffen sind ebenfalls Schusswaffen im Sinne des Waffengesetzes und unterliegen einem Führungsverbot. Dabei handelt es sich um originalgetreue oder nachahmende Schusswaffenimitate. Auch das unverschlossene Führen von Hieb- und Stoßwaffen, Einhandmessern und feststehenden Messern mit einer Klingenlänge über 12 cm ist, falls kein berechtigtes Interesse vorliegt, verboten. Messer und Werkzeuge, die der Jagdausübung dienen (z. B. Jagdmesser oder Hirschfänger), sind keine Hieb- oder Stoßwaffen. Die

Jagdausübung begründet das berechtigte Interesse des Jägers am Führen dieser Messer.
Munition ist zum Verschießen aus Schusswaffen bestimmte Patronenmunition, Kartuschenmunition oder hülsenlose Munition.
Im Sinne des Waffengesetzes erwirbt eine Waffe oder Munition, wer die tatsächliche Gewalt darüber erlangt, besitzt sie, wer diese ausübt, überlässt sie, wer diese einem anderen einräumt und führt sie, wer die tatsächliche Gewalt über eine Waffe außerhalb der eigenen Wohnung, der Geschäftsräume, des eigenen befriedeten Besitztums oder einer Schießstätte ausübt. Die Erlaubnis zum Führen einer Waffe wird durch einen Waffenschein erteilt, zum Schießen mit einer Schusswaffe durch einen Schießerlaubnisschein. Die Erlaubnis zum Erwerb und Besitz von Munition wird durch Eintragung in die WBK für die darin eingetragenen Schusswaffen erteilt. In den übrigen Fällen wird die Erlaubnis durch einen Munitionserwerbschein für eine bestimmte Munitionsart, befristet auf sechs Jahre, erteilt. Die Erlaubnis zum Besitz der Munition gilt unbefristet.
Der Kleine Waffenschein berechtigt zum Führen von Schreckschuss-, Reizstoff- und Signalwaffen und setzt die Volljährigkeit, Zuverlässigkeit und persönliche Eignung des Antragstellers voraus, nicht aber einen Sachkundenachweis, ein Bedürfnis und eine Haftpflichtversicherung (→ Stichwort 84).
Eine Waffe oder Munition nimmt mit, wer diese vorübergehend auf einer Reise ohne Aufgabe des Besitzes zur Verwendung über die Grenze in den, durch den oder aus dem Geltungsbereich des Waffengesetzes bringt. Jäger dürfen in den praktisch häufigsten Fällen ihre Jagdwaffen mit ins Ausland nehmen (→ Stichwort 91).
Das Transportieren einer Jagdwaffe, also deren Befördern von einem Ort zu einem anderen, ist waffenrechtlich ein Unterfall des Führens und bedarf damit grundsätzlich der Erlaubnis durch einen Waffenschein. Eine Erlaubnis für den Transport ist aber dann nicht erforderlich, wenn die Waffe nicht schuss- und zugriffsbereit von einem zu einem anderen Ort befördert wird, sofern der Transport zu einem vom Bedürfnis (→ Stichwort 84) umfassten Zweck oder im Zusammenhang damit erfolgt, so z. B. auf dem Weg des Jägers zum Büchsenmacher oder Schießstand.
Schussbereit ist eine Waffe, wenn sie geladen ist. Geladen erfasst alle Ladezustände, auch teilgeladen (unterladen), d. h., das Magazin mit Munition ist eingeführt, aber es befindet sich keine Munition im Patronenlager.

> **Achtung:** *Nicht geladen (entladen) ist die Waffe, wenn sich Munition zur Aufbewahrung in einem Schaftmagazin befindet.*

Eine Waffe ist zugriffsbereit, wenn sie unmittelbar in Anschlag gebracht werden kann, d. h. mit wenigen schnellen Handgriffen. Als Faustformel gilt, dass eine Schusswaffe zugriffsbereit ist, wenn sie mit weniger als drei Handgriffen in unter drei Sekunden in Anschlag gebracht werden kann (z. B. Kurzwaffe im Holster am Körper, im PKW auf dem Beifahrersitz oder im unverschlossenen Handschuhfach). Eine Waffe ist nicht zugriffsbereit, wenn sie entweder in einem verschlossenen (nicht nur geschlossenen) Behältnis (z. B. Vorhängeschloss am Reißverschluss des Futterals) mitgeführt wird oder erst nach mindestens drei Handgriffen und nach über drei Sekunden in Anschlag gebracht werden kann, wie etwa bei einem Transport der ungeladenen Waffe in einem geschlossenen Futteral im Kofferraum eines Kraftfahrzeugs. Mitgeführte Munition für die transportierten Waffen muss nicht getrennt von den Waffen transportiert werden. Sie darf also beispielsweise zusammen mit der Waffe im verschlossenen Futteral transportiert werden, darf aber nicht in ein Magazin eingefügt sein. Die Art der Beförderung, sei es zu Fuß, mit dem Fahrrad, Motorrad oder Auto, ist unerheblich.

84

Umgang mit Waffen und Munition

(§§ 1 III, 2, 4–8, 13, 40 III WaffG, Anlage 2 zum WaffG)

Umgang mit einer Waffe oder Munition hat, wer diese erwirbt, besitzt, überlässt, führt, verbringt, mitnimmt, damit schießt, diese herstellt, bearbeitet, instand setzt, unbrauchbar macht oder damit Handel treibt (→ Stichwort 83) und ist grundsätzlich nur volljährigen Personen gestattet.

a. Der Umgang mit verbotenen Waffen und Munition ist grundsätzlich untersagt.

Verbotene Waffen und Munition sind in Anlage 2 zum Waffengesetz (Waffenliste, Abschnitt 1) aufgeführt. Hierunter fallen z. B. Vollautomaten, Vorderschaftrepetierflinten mit Kurzwaffengriff, aber auch Schusswaffenzubehör, wie für Schusswaffen bestimmte Vorrichtungen, die das Ziel beleuchten, Nachtsichtgeräte und Nachtzielgeräte mit Montagevorrichtung für Schusswaffen sowie Nachtsichtvorsätze und -aufsätze für Zielhilfsmittel (z. B. Zielfernrohre) samt Bildwandler oder elektronischer Verstärkung. Entscheidende Verbotsvoraussetzung bei letzterem Schusswaffenzubehör ist, dass das Gerät dazu bestimmt und geeignet ist, mit der Waffe verbunden zu werden. Hierunter können auch handelsübliche Alltagsgegenstände wie eine Taschenlampe fallen, wenn sie mit einer Schusswaffe verbunden sind.

Achtung: *Dennoch ist waffenrechtlich der Einsatz von Nachtzieltechnik (Nachtsichtvor- und -aufsätze für Zielhilfsmittel) für jagdliche Zwecke nach § 40 III WaffG zwar erlaubt. Die entsprechenden jagdrechtlichen Verbote (siehe → Stichwort 26) bleiben aber nach derzeitiger Rechtslage in Bayern bestehen.*

Achtung: *Verboten sind auch Magazine für Langwaffen mit einer Kapazität von mehr als zehn Schuss und für Kurzwaffen mit einer Kapazität von mehr als 20 Schuss.*

Achtung: *Nicht verboten sind sog. Leuchtabsehen, da sie nicht das Ziel, sondern die Visiereinrichtung beleuchten. Ebenso wenig verboten sind Nachtsichtgeräte ohne Montagevorrichtung, die nicht an der Schusswaffe montiert sind.*

Achtung: *Das Waffengesetz ist nicht auf Kriegswaffen anwendbar, die in der Kriegswaffenliste als Anlage zum KWKG abschließend aufgeführt sind. Hierunter fallen u. a. tragbare vollautomatische Gewehre. Die unerlaubte Ausübung der tatsächlichen Gewalt hierüber wird daher nicht nach dem WaffG, sondern nach dem KWKG als Straftat geahndet.*

b. Der Umgang mit erlaubnispflichtigen Waffen und Munition setzt eine entsprechende Gestattung durch die zuständige Behörde voraus.
Erlaubnispflichtige Waffen und Munition sind in Anlage 2 zum Waffengesetz (Waffenliste, Abschnitt 2) aufgeführt. Hierzu zählen insbesondere auch sämtliche Jagdwaffen und deren Munition.

Die allgemeinen Voraussetzungen für Waffen- und Munitionserlaubnisse sind:
(1) die Volljährigkeit des Antragstellers,
(2) dessen Zuverlässigkeit und
(3) persönliche Eignung,
(4) der Nachweis seiner Sachkunde und
(5) seines Bedürfnisses sowie
(6) einer Haftpflichtversicherung.

Zu (1): Volljährigkeit
Der Umgang mit Waffen und Munition ist grundsätzlich nur Personen gestattet, die das 18. Lebensjahr vollendet haben. Sondervorschriften bestehen u. a. für Jugendjagdscheininhaber und Jugendliche in der Ausbildung zum Jäger (Jagdscheinanwärter, §§ 13 VII, VIII, 27 V WaffG). Einzelheiten hierzu siehe → Stichwort 28.

Zu (2): Zuverlässigkeit
Für die Erteilung und den Fortbestand einer waffenrechtlichen Erlaubnis ist die Zuverlässigkeit unabdingbare und ausnahmslose Voraussetzung. Das Waffengesetz unterscheidet zwischen der absoluten Unzuverlässigkeit, bei deren Vorliegen ein Antrag auf eine waffenrechtliche Erlaubnis zwingend abzulehnen ist und der Regel-Unzuverlässigkeit, die im Einzelfall widerlegt werden kann. Die Zuverlässigkeit bezieht sich grundsätzlich auf die Fälle des vorwerfbaren Handelns.
Absolut unzuverlässig sind Personen,

- die wegen eines Verbrechens (→ Stichwort 45) oder sonstiger, also auch mehrerer, vorsätzlicher (→ Stichwort 45) Straftaten zu einer Einzel- oder Gesamtfreiheitsstrafe von mindestens einem Jahr rechtskräftig verurteilt worden sind, wenn die Rechtskraft der letzten Verurteilung noch keine zehn Jahre zurückliegt oder
- bei denen Tatsachen die Annahme rechtfertigen, dass sie mit Waffen und Munition missbräuchlich und leichtfertig oder unvorsichtig oder unsachgemäß umgehen oder diese unsorgfältig verwahren oder Unberechtigten überlassen (→ Stichwort 83).

In der Regel unzuverlässig sind u. a. Personen, die:

- wegen einer vorsätzlichen Straftat (z. B. unerlaubtes Entfernen vom Unfallort) oder einer fahrlässigen Straftat im Zusammenhang mit dem Umgang mit Waffen, Munition oder Sprengstoff oder einer gemeingefährlichen Straftat (z. B. Trunkenheit im Verkehr) oder einer Straftat u. a. nach dem Waffengesetz oder dem Bundesjagdgesetz zu einer Freiheitsstrafe, Jugendstrafe oder Geldstrafe von mindestens 60 Tagessätzen oder mindestens zweimal zu einer geringeren Geldstrafe rechtskräftig verurteilt worden sind, wenn die letzte rechtskräftige Verurteilung nicht länger als fünf Jahre zurückliegt oder
- wiederholt oder gröblich u. a. gegen Vorschriften des Waffengesetzes oder des Bundesjagdgesetzes verstoßen haben.

Zuverlässigkeit und persönliche Eignung werden mindestens alle drei Jahre von der zuständigen Behörde überprüft.

Zu (3): Persönliche Eignung

Die persönliche Eignung stellt auf individuelle Persönlichkeitsmerkmale, also insbesondere nicht vorwerfbare körperliche und geistige Einschränkungen des Antragstellers, ab. Auch hier unterscheidet das Gesetz zwischen einem absoluten und einem Regel-Ausschluss der persönlichen Eignung.
Absolut ungeeignet sind u. a. Personen, bei denen Tatsachen die Annahme rechtfertigen, dass sie geschäftsunfähig, rauschmittelabhängig, psychisch krank (z. B. cholerisch veranlagt) oder debil sind oder aufgrund in der Person liegender Umstände mit Waffen oder Munition unvorsichtig oder unsachgemäß umgehen oder diese nicht sorgfältig verwahren oder dass die konkrete Gefahr einer Fremd- oder Selbstgefährdung besteht.
In der Regel ungeeignet sind in der Geschäftsfähigkeit beschränkte Personen. Ein Mangel an persönlicher Eignung kann sich auch daraus ergeben, dass die für den Umgang mit Waffen und Munition erforderliche Kenntnis der deutschen Sprache in Wort und Schrift fehlt (Einzelheiten siehe Nr. 6.7 WaffVwV).
Bei auf Tatsachen gestützten Bedenken gegen die persönliche Eignung, wie etwa bei der amtlichen Feststellung einer Blutalkoholkonzentration von mindestens 1,6 ‰ oder wiederholt weniger im Zusammenhang mit einer Verhaltensauffälligkeit (Nr. 6.3 WaffVwV), hat die zuständige Behörde dem Betroffenen auf seine Kosten unter Fristsetzung die Vorlage eines amts- oder

fachärztlichen oder fachpsychologischen Zeugnisses über die geistige oder körperliche Eignung aufzugeben. Bei einer nicht fristgerechten Vorlage des Zeugnisses darf die Behörde auf die Nichteignung schließen.
Personen, die das 25. Lebensjahr noch nicht vollendet haben, müssen für die erstmalige Erteilung einer Erlaubnis zum Erwerb oder Besitz einer Schusswaffe grundsätzlich ebenfalls ein entsprechendes Zeugnis über die geistige Eignung vorlegen. Diese Verpflichtung gilt allerdings nicht für Jagdscheininhaber (§ 6 III 1, 13 II 1 WaffG).

Zu (4): Sachkunde
Die Sachkunde gilt u. a. als nachgewiesen, wenn der Antragsteller die Jägerprüfung bestanden hat (§ 7 WaffG, § 3 I 1 a AWaffV).

Zu (5): Bedürfnis
Eine Erlaubnis zum Umgang mit Waffen und Munition wird nach dem Waffenrecht nur bei Vorliegen eines besonders anzuerkennenden triftigen Grundes erteilt. Ein solches Bedürfnis für den Besitz und Erwerb von Schusswaffen und der dafür bestimmten Munition wird alle fünf Jahre erneut überprüft und für Jäger als gegeben anerkannt bei Vorliegen folgender Voraussetzungen:
Der Antragsteller muss Jagdscheininhaber sein (§ 15 I 1 BJagdG).
Ist er Inhaber eines Jahresjagdscheines (→ Stichwort 28), werden ein Bedürfnis hinsichtlich Langwaffen in unbegrenzter Anzahl und zwei Kurzwaffen samt zugehöriger Munition gesetzlich vermutet, also ohne weitere Prüfung durch die Waffenbehörde unterstellt, sofern es sich um Jagdwaffen und Jagdmunition handelt, die nach dem BJagdG nicht verboten sind (Jägerkontingent). Jagdrechtlich verboten nach dem BJagdG sind u. a. automatische Waffen, halbautomatische Langwaffen, die mit insgesamt mehr als drei Patronen geladen sind sowie, allerdings mit der Möglichkeit zur Beantragung einer Ausnahmegenehmigung, grundsätzlich auch Schusswaffen mit Schalldämpfern (siehe hierzu auch → Stichworte 26 und 83). Waffenrechtlich wird bei Jägern ein Bedürfnis für die Verwendung von Schalldämpfern bei Verwendung von Zentralfeuermunition anerkannt (§ 13 IX WaffG). Der Erwerb ist ohne Voreintrag in einer WBK auf Jagdscheinbasis möglich und binnen zwei Wochen der Waffenbehörde zur Eintragung in die WBK anzuzeigen. Schalldämpfer sind entsprechend der Langwaffe in einem vorschriftsgemäßen Waffenschrank aufzubewahren (→ Stichwort 87).

Für Munition gibt es nach dem BJagdG kein generelles Verbot. Ob und wie oft der Jäger zur Jagd geht, wird nicht geprüft. Unerheblich ist dabei auch, ob die Kurzwaffen für den Fangschuss zugelassen sind (Nr. 13.2 WaffVwV, → Stichwort 26). Ein Bedürfnis für eine dritte oder weitere Kurzwaffe wird von der Waffenbehörde geprüft.
Inhaber von Tagesjagdscheinen bedürfen für den Erwerb und Besitz von Lang- und Kurzwaffen eines zu prüfenden Bedürfnisses und einem Voreintrag in der Waffenbesitzkarte (WBK).
Das Bedürfnis besteht fort, wenn der Jagdschein verlängert wird. Wird der Jahresjagdschein nicht verlängert, kann ausnahmsweise bei Vorliegen eines besonderen Grundes dennoch ein Bedürfnis vorliegen, allerdings nicht zum Führen einer Waffe (§§ 8, 45 III WaffG). Dies kann etwa bei Aufgabe der jagdlichen Tätigkeit aus Altersgründen, bei vorübergehendem Auslandsaufenthalt oder Krankheit der Fall sein.
Wenn eine passende Waffe vom Ausbilder nicht zur Verfügung gestellt werden kann, wird bei Jagdscheinanwärtern in der Regel ein Bedürfnis zum Erwerb und Besitz einer Einzelladerflinte mit glatten Läufen (Doppel- oder Bockdoppelflinte) im Kaliber 12 oder kleiner anerkannt, da Flinten nur dann zuverlässig treffen, wenn sie auf den Schützen angepasst sind – Volljährigkeit, Zuverlässigkeit und persönliche Eignung vorausgesetzt. Der Sachkundenachweis erfolgt durch eine entsprechende Bescheinigung des Ausbildungsleiters (§ 3 I 1 a AWaffV), der Bedürfnisnachweis durch Bestätigung der Ausbildungsstelle. Die WBK steht unter dem Vorbehalt des Bestehens der Jägerprüfung und ist in der Regel auf zwei Jahre befristet. Sie berechtigt nicht zum Munitionserwerb.

Zu (6): Haftpflichtversicherung

Jäger benötigen keine gesonderte Schießerlaubnis, da diese vom gültigen Jagdschein umfasst ist und damit auch nicht die nach dem WaffG insoweit geforderte Haftpflichtversicherung in Höhe von mindestens 1 000 000 € für Personen- und Sachschäden. Voraussetzung für die Erteilung eines Jagdscheins ist aber eine Jagdhaftpflichtversicherung über mindestens 500 000 € für Personenschäden und 50 000 € für Sachschäden (§ 17 I Nr. 4 BJagdG).

85

Erwerb, Besitz und Überlassen von Jagdlangwaffen, Jagdkurzwaffen und Jagdmunition

(§§ 10 I, III, 12 I Nr. 1, II, 13 III, IV, V, 20, 34, 37 ff WaffG, Anmerkungen WaffVwV)

Waffen und Munition dürfen nur berechtigten Personen überlassen werden. Wer also beispielsweise eine Waffe verkauft oder anderweitig einem Dritten überlässt, muss sich davon überzeugen, dass der Erwerber zum Erwerb dieser Waffe berechtigt ist. Das Verkaufsangebot einer erlaubnispflichtigen Schusswaffe oder Munition über eine Anzeige etwa im Internet ist mit dem Zusatz „Abgabe nur an Inhaber einer Erwerbserlaubnis" zu versehen. Nach dem Verkauf hat der Verkäufer binnen zwei Wochen seine WBK der zuständigen Behörde zur Berichtigung vorzulegen und dabei u. a. die Personalien des Erwerbers sowie Art und Gültigkeitsdauer seiner Erwerbs- und Besitzberechtigung (WBK mit Nummer und ausstellender Behörde oder Jagdschein) anzugeben (→ Stichwort 88).

Ein Überlassen im waffenrechtlichen Sinn liegt bereits dann vor, wenn der Überlasser, ohne den eigenen Besitz aufzugeben, einer anderen Person (z. B. Ehegatten) auch nur die Möglichkeit einräumt, sich selbstständig der Waffe bedienen zu können.

Rechtsverstöße durch die Überlassung von Waffen an Nichtberechtigte können schon im ersten Fall der Zuwiderhandlung neben der strafrechtlichen Ahndung die Einziehung des Jagdscheins und der WBK rechtfertigen. Schadensfälle im Rahmen einer unberechtigten Überlassung von Waffen werden nicht von der Jagdhaftpflichtversicherung gedeckt.

Jäger dürfen als Inhaber eines gültigen Jahresjagdscheins (→ Stichwort 28) nach dem BJagdG nicht verbotene Jagdlangwaffen erlaubnisfrei erwerben, ohne dies vorher bei der Waffenbehörde anzumelden.

Für den auf Dauer angelegten und unbefristeten Besitz von Langwaffen ist aber die Erteilung einer WBK erforderlich. Deren Ausstellung oder Eintragung in eine vorhandene WBK ist binnen zwei Wochen ab Erwerb zu beantragen (→ Stichwort 88).

Der vorübergehende Erwerb von Langwaffen für höchstens einen Monat zu einem vom Bedürfnis des Ausleihers umfassten Zweck (z. B. Jagdausübung),

zu deren vorübergehender sicherer Aufbewahrung oder deren Beförderung für einen anderen Berechtigten, ist für Inhaber eines Jagdscheins (Tages- oder Jahresjagschein) erlaubnisfrei möglich.
Der Munitionserwerb und -besitz für Jagdlangwaffen ist ohne Erlaubnis, also allein aufgrund eines vorhandenen Jagdscheins (Tages- oder Jahresjagdschein), möglich.

> **Achtung:** *Die Erlaubnis zum Erwerb und Besitz von Langwaffenmunition sollte dennoch in die WBK eingetragen werden. Etwa für Fälle, in denen die Verlängerung des Jagdscheins vorübergehend aus persönlichen Gründen nicht beantragt wird.*

Der Erwerb von Kurzwaffen und der dazugehörigen Kurzwaffenmunition, die nicht auch aus Jagdlangwaffen verschossen werden kann, bedarf eines Voreintrages in der WBK. Der Jagdschein gilt insoweit nicht als Erlaubnis. Dieser Voreintrag zum Erwerb einer Kurzwaffe gilt für die Dauer eines Jahres (danach ist ein neuer Eintrag erforderlich), während die Erlaubnis zum Waffenbesitz in der Regel unbefristet erteilt wird, ebenso wie die Erlaubnis zum Munitionserwerb. Auch den Erwerb einer Kurzwaffe hat der Jäger innerhalb von zwei Wochen ab Erwerb unter Benennung von Name und Anschrift des Überlassenden in die WBK eintragen zu lassen.
Für Inhaber einer WBK ist der vorübergehende Erwerb von Kurzwaffen von einem Berechtigten für höchstens einen Monat zu einem von seinem Bedürfnis umfassten Zweck (Ausleihe), deren vorübergehende sichere Aufbewahrung oder deren Beförderung für einen anderen Berechtigten erlaubnisfrei möglich. Der Erwerb von Kurzwaffenmunition für insoweit vorübergehend erworbene Waffen ist ebenfalls erlaubnisfrei möglich.
Wer eine Waffe führt, hat im Fall einer vorübergehenden Überlassung (z. B. Ausleihe) als Legitimationsnachweis gegenüber der Behörde einen Beleg mitzuführen, aus dem der Name des Überlassers, des Besitzberechtigten und das Datum der Überlassung hervorgeht (§ 38 I Nr. 1 g WaffG).
Ein Sonderfall des Waffen- und Munitionserwerbs ist der Erbfall. Wer beim Tod eines Waffenbesitzers dessen erlaubnispflichtige Waffen oder Munition in Besitz nimmt, hat dies unverzüglich der zuständigen Behörde anzuzeigen. Will er diese behalten, hat er die Ausstellung einer WBK oder den Eintrag in eine bereits vorhandene WBK binnen eines Monats zu beantragen (siehe auch → Stichwort 88). Ohne den Nachweis eines entsprechenden Bedürfnisses, z. B. als Jäger, ist der Behörde im Regelfall nachzuweisen, dass

die Waffe durch ein dem Stand der Technik entsprechendes Blockiersystem gesichert worden ist, was mit nicht unerheblichen Kosten verbunden ist. Alternativ besteht natürlich die Möglichkeit des Verkaufs an einen insoweit Berechtigten.

86

Führen von und Schießen mit Jagdwaffen

(§§ 10 IV, 12 III Nr. 2, 13 VI WaffG, Anmerkungen WaffVwV)

Inhaber eines gültigen Jagdscheins dürfen Jagdwaffen und Jagdmunition zur befugten Jagdausübung einschließlich des Ein- und Anschießens im Revier, zur Ausbildung von Jagdhunden im Revier und zum Jagd- oder Forstschutz ohne Erlaubnis führen und mit ihnen schießen. Ein Waffen- oder Schießerlaubnisschein ist mithin nicht erforderlich.

Darüber hinaus dürfen sie auch im Zusammenhang mit diesen Tätigkeiten die Jagdwaffen ohne Erlaubnis führen, allerdings nicht schussbereit, wohl aber zugriffsbereit (→ Stichwort 83). Hierzu zählen insbesondere die direkten Hin- und Rückwege von und zur Jagd oder das Führen im Zusammenhang mit anderen jagdlichen Tätigkeiten und Veranstaltungen, wie etwa Aus-, Weiterbildungs- und Prüfungszwecke, Schüsseltreiben etc. sowie im Rahmen der damit einhergehenden Erledigungen und Besorgungen wie Abstecher zur Bank oder Post. Dabei kann die Jagdwaffe, egal ob Kurz- oder Langwaffe, auch ohne Futteral, auf der Rückbank eines Personenkraftwagens, auf einem Motorrad, einem Fahrrad oder zu Fuß befördert werden.

Mitgeführte Munition muss, anders als teilweise bei der Aufbewahrung (→ Stichwort 87), nicht getrennt von den Waffen mitgeführt werden. Nach dem Gefahrgutrecht dürfen in einem in Deutschland zugelassenen Kraftfahrzeug für den privaten Gebrauch höchstens 50 kg Munition (Freimenge pro Fahrzeug, nicht pro Person) mitgeführt werden, ohne die Voraussetzungen eines Gefahrguttransportes zu erfüllen. Der Transport hat in handelsüblicher Verpackung, nicht zwingend in der Originalverpackung, zu erfolgen. Die Munition darf aber nicht schon in ein Magazin eingefügt sein.

Fehlt dieser Zusammenhang mit der befugten Jagdausübung, erfolgt die Verbringung der Waffe aber dennoch zu einem vom Bedürfnis des Waffen-

besitzers umfassten Zweck, wie beispielsweise auf dem Weg des Jägers zum Büchsenmacher oder zur Schießstätte, darf die Schusswaffe weder schuss-, noch zugriffsbereit transportiert werden (→ Stichwort 83).
Wird die Waffe weder im Rahmen noch im Zusammenhang mit der befugten Jagdausübung und auch nicht zu einem bedürfnisgedeckten Zweck geführt, benötigt auch der Jäger hierfür einen Waffenschein (→ Stichwort 83).
Zum Führen von Schreckschuss-, Reizstoff- und Signalwaffen innerhalb des Jagdreviers, etwa zur Wildschadensverhütung, zum Jagdschutz oder zur Jagdhundeausbildung, benötigen Jagdscheininhaber keinen Kleinen Waffenschein (→ Stichwort 83), da der Jagdschein diese Erlaubnis mit umfasst.

87

Aufbewahrung von Jagdwaffen und -munition

(§ 36 WaffG, § 13 AWaffV, Anmerkungen WaffVwV)

Der Jäger hat die erforderlichen Vorkehrungen zu treffen, dass Jagdwaffen und -munition nicht abhandenkommen oder Dritte sie unbefugt an sich nehmen. Waffen sind grundsätzlich entladen (→ Stichwort 83) aufzubewahren. Erlaubnispflichtige Munition, wie Jagdmunition, ist mindestens in einem Stahlblechbehältnis mit Schwenkriegelschloss aufzubewahren.
In einem Waffenschrank der Norm DIN/EN 1143-1 mit dem Widerstandsgrad 0 können Langwaffen in unbegrenzter Anzahl und höchstens fünf Kurzwaffen (bei über 200 kg Schrankgewicht zehn Kurzwaffen) sowie Munition, in einem Schrank mit Widerstandsgrad I, unabhängig vom Gewicht, Lang- und Kurzwaffen in unbegrenzter Anzahl sowie Munition aufbewahrt werden. Waffen und Munition müssen also nicht getrennt aufbewahrt werden. Weitere Verankerungen des Schrankes sind unabhängig vom Gewicht nicht vorgeschrieben.
Diese Regelungen für die Aufbewahrung von erlaubnispflichtigen Waffen, also auch Jagdwaffen, sind seit dem 06.07.2017 in Kraft.
In häuslicher Gemeinschaft lebende Personen dürfen ihre Waffen in gemeinsamen Behältnissen aufbewahren, auch wenn sie keine gemeinsame WBK haben; dies als Ausnahme von dem im Übrigen geltenden Grundsatz, dass

jeder nur zu den Waffen Zugriff haben darf, für die er berechtigt ist, also die in seiner WBK eingetragen sind.
Schränke der Stufe A und B nach VDMA-Bauartbeschreibung sind seit dem 06.07.2017 beim Neukauf für die Aufbewahrung erlaubnispflichtiger Waffen nicht mehr zugelassen. Für bereits registrierte A- und B-Schränke gilt allerdings ein unbeschränkter Bestandsschutz. Sie können weiterhin benutzt werden. Der Besitzer kann auch weitere Waffen hinzukaufen und diese in den bestehenden Schränken entsprechend den gesetzlich zulässigen Lagerkapazitäten aufbewahren. Im A-Schrank dürfen dabei bis zu zehn Langwaffen gelagert werden. Beim B-Schrank gibt es keine Begrenzung für Langwaffen. Ein B-Schrank unter 200 kg Gewicht darf zudem bis zu fünf Kurzwaffen enthalten, ab 200 kg Gewicht bis zu zehn Kurzwaffen. Ist der B-Schrank weniger als 200 kg schwer, aber fest verankert, darf er neben den Langwaffen auch bis zu zehn Kurzwaffen enthalten. Erben dürfen geerbte A- oder B-Schränke nicht zur Waffenaufbewahrung weiternutzen. Allerdings dürfen bei gemeinsamer Aufbewahrung in häuslicher Gemeinschaft auch neu hinzukommende Mitaufbewahrer die vorhandenen A- und B-Schränke mitbenutzen, selbst nach Versterben des jetzigen Besitzers.
Die zur sicheren Aufbewahrung erlaubnispflichtiger Schusswaffen und Munition getroffenen oder vorgesehenen Maßnahmen also, insbesondere ob ein bestimmtes Behältnis der geforderten Sicherheitsnorm entspricht, hat der Besitzer der zuständigen Behörde nachzuweisen (Vorlage Kaufbeleg, Fotos etc.) und dieser Zutritt zum Aufbewahrungsort zu gewähren; bei Wohnräumen allerdings nur zur Verhütung dringender Gefahren für die öffentliche Sicherheit.
Auch bei einer nur vorübergehenden Aufbewahrung (z. B. Transport) ist ein Abhandenkommen bzw. ein Zugriff Unbefugter durch geeignete Maßnahmen zu verhindern.
So darf ein Fahrzeug, in dem sich Schusswaffen befinden, nicht über einen längeren Zeitraum unbeaufsichtigt abgestellt werden, etwa über Nacht auf der Straße vor einem Hotel. Vielmehr sind die Waffen im Hotelsafe oder Hotelzimmer einzuschließen und möglichst noch zusätzlich zu sichern (z. B. durch Abzugs-/Waffenschlösser oder elektronische Sicherungssysteme). Auch die Entfernung wesentlicher Waffenteile (z. B. Schloss, Kammerstängel, Vorderschaft), die in diesem Fall erlaubnisfrei geführt werden dürfen, bietet sich an. Dies gilt entsprechend für Übernachtungen in einer Jagdhütte ohne vorhandenen Waffenschrank.

Bei einem kurzfristigen Verlassen des Wagens, beispielsweise zum Schüsseltreiben, für Einkäufe, zur Einnahme eines Essens oder zum Tanken, genügt es, wenn Schusswaffen und Munition so aufbewahrt werden, dass keine unmittelbaren Rückschlüsse auf die Art des Inhalts erkennbar sind. Das Fahrzeug muss selbstverständlich verschlossen sein.
In einem nicht dauernd bewohnten Gebäude, wie z. B. in einer Jagdhütte, dürfen, vorbehaltlich behördlich genehmigter Abweichungen, nur bis zu drei erlaubnispflichtige Langwaffen mindestens in einem Behältnis der Norm DIN/EN 1143-1 Widerstandsgrad I aufbewahrt werden.

88

Waffenrechtliche Anzeige- und Antragspflichten und -fristen

(§§ 10, 12, 13, 20 I, 34, 37–37 i, 53 WaffG)

a. Unverzüglich, also ohne schuldhaftes Zögern, ist der zuständigen Behörde unter anderem anzuzeigen, wenn erlaubnispflichtige Waffen oder Munition abhandenkommen, gefunden werden, beim Tod des Eigentümers in Besitz genommen werden oder wenn Erlaubnisurkunden (WBK, Munitionserwerbschein etc.) abhandenkommen.
b. Eine Anzeigefrist von zwei Wochen gilt u. a. beim (nicht nur vorübergehenden) Erwerb und Überlassen (→ Stichwort 85) sowie bei der Bearbeitung oder Zerstörung von Schusswaffen, wobei die WBK binnen derselben Frist zur entsprechenden Eintragung bei der zuständigen Behörde vorzulegen oder, beim Erwerb einer Jagdlangwaffe auf Jagdscheinbasis (→ Stichwort 85), die Ausstellung einer WBK zu beantragen ist.
c. Eine Frist von einem Monat gilt für die Beantragung einer oder Eintragung in eine WBK im Erbfall.

Der Anzeigende hat dabei umfangreiche Angaben zu machen, etwa zu dem jeweiligen Sachverhalt, der der Anzeige zugrunde liegt, den beteiligten Personen, den Daten der Waffe und zur Erlaubnisurkunde (z. B. WBK).
Die Missachtung dieser Anzeige- und Antragspflichten stellt eine Ordnungswidrigkeit dar und kann zur Annahme der Unzuverlässigkeit des Betroffenen führen.

89

Beschusspflicht

(§§ 3, 5 II, 6 I, 12 BeschG)

Bevor Handfeuerwaffen sowie ihre höchst beanspruchten Teile, wie etwa Austauschläufe, in den Verkehr gebracht werden oder nach Veränderungen (z. B. Laufkürzung) an höchst beanspruchten Teilen bereits beschossener Waffen, müssen diese grundsätzlich durch einen Beschuss auf ihre Haltbarkeit, Funktionssicherheit und Maßhaltigkeit amtlich geprüft werden. Soll aus einer Schusswaffe Munition verschossen werden, deren Gasdruck über dem zulässigen normalen Gasdruck liegt (Magnum-Patronen), ist auf Antrag ein verstärkter Beschuss mit erhöhtem Gasdruck vorzunehmen.
Als Nachweis des ordnungsgemäßen Beschusses werden von den zuständigen Behörden amtliche Beschusszeichen in die Läufe bzw. Beschussteile eingeschlagen. Die Verwendung oder Überlassung beschusspflichtiger Waffen oder Waffenteile ohne amtliches Beschusszeichen ist verboten. Es besteht also eine Verpflichtung des Jägers, seine Waffen auf das Vorhandensein der erforderlichen amtlichen Beschusszeichen hin zu überprüfen.

90

Nationales Waffenregister

(§ 43 a WaffG, NWRG, NWRG-DV)

Zum 01.01.2013 nahm das Bundesverwaltungsamt in Köln als Registerbehörde das Nationale Waffenregister (NWR), welches das EU-Recht verlangt, in Betrieb. Über das NWR werden alle Waffenbehörden untereinander vernetzt und wesentliche Informationen zu erlaubnispflichtigen Schusswaffen in privatem Besitz (Daten der zuständigen Waffenbehörde, zur Person, zur Erlaubnis und zur Waffe) zeitnah und aktuell zur Verfügung gestellt. Alle Behörden, die im Rahmen ihrer Aufgaben und Zuständigkeiten waffenrechtliche Daten benötigen, etwa für polizeiliche Lagebeurteilungen, können jederzeit auf das NWR zugreifen.

91

Europäischer Feuerwaffenpass

(§ 32 III, VI WaffG)

In Umsetzung von EU-Recht wurde der Europäische Feuerwaffenpass eingeführt. Jäger aus dem EU-Ausland, die sich im Besitz eines EFWP befinden, dürfen bis zu drei Langwaffen samt dazugehöriger Munition nach oder durch Deutschland zu Jagdzwecken mitnehmen. Auch Personen mit gewöhnlichem Aufenthalt in Deutschland, die Schusswaffen und Munition, zu deren Besitz sie berechtigt sind, in andere EU-Staaten mitnehmen wollen, können zu diesem Zweck einen EFWP beantragen.

VI. Unfallverhütungsrecht 92–97

Unfallverhütungsvorschrift Jagd (VSG 4.4) mit Durchführungsanweisungen

92

Herausgeber und persönlicher Geltungsbereich

Herausgeber der am 01.01.2000 in Kraft getretenen UVV Jagd ist die Landwirtschaftliche Berufsgenossenschaft (LBG). Unmittelbar an die UVV Jagd gebunden ist nur der in der Sozialversicherung für Landwirtschaft, Forsten und Gartenbau (SVLFG) als Träger der landwirtschaftlichen Unfallversicherung versicherte Personenkreis, also insbesondere der Eigenjagdinhaber und der Revierpächter (in eingeschränktem Umfang auch deren Ehegatten oder Lebenspartner) sowie die von ihnen im Rahmen eines Dienstverhältnisses (z. B. Jagdaufseher, Berufsjäger, Treiber) Beschäftigten. Nicht versichert und damit auch nicht unmittelbar an die UVV Jagd gebunden sind hingegen Personen, die lediglich aufgrund einer Jagderlaubnis oder eines Begehungsscheins die Jagd ausüben, egal ob es sich um eine entgeltliche oder unentgeltliche Jagdausübungsberechtigung handelt sowie Schweißhundeführer. Eine mittelbare Bindung an die UVV Jagd ergibt sich für Letztere allerdings insoweit, als die UVV Jagd den Maßstab für die im Jagdbetrieb allgemein gebotene Sorgfalt bildet. Wer die UVV Jagd missachtet, handelt somit in der Regel mindestens fahrlässig und kann zivil- und strafrechtlich in die Haftung genommen werden.

93

Sachlicher Geltungsbereich

(§ 1 UVV Jagd)

Die UVV Jagd gilt für den Umgang mit Waffen und Munition sowie für die Ausübung der Jagd.

94

Flintenlaufgeschosse und Schrotpatronen, Schusswaffe und Fahrzeug, Schusswaffe und Gefahrenlagen

(§§ 2 IV, 3 III, VI UVV Jagd)

Flintenlaufgeschosse sind getrennt von Schrotpatronen mitzuführen, um Verwechslungen auszuschließen.
Beim Besteigen von Fahrzeugen und während der Fahrt muss die Schusswaffe entladen (→ Stichwort 83) sein.
In Gefahrenlagen, also beispielsweise beim Besteigen oder Verlassen eines Hochsitzes oder beim Überwinden von Hindernissen (Zaun, Bach, vereiste Fläche etc.) müssen die Läufe (Patronenlager) entladen sein. Die Waffe darf also allenfalls unterladen (→ Stichwort 83) sein.
Bei einer mit besonderen Gefahren verbundenen Jagdausübung ist ein Begleiter zur Hilfeleistung mitzunehmen, so etwa bei schlechten Witterungs-, Gelände- und Bodenverhältnissen, insbesondere bei der Hochgebirgsjagd, auf Gewässern, in Mooren oder bei der Nachsuche auf wehrhaftes Wild.

95

Gesellschaftsjagden

(§ 4 UVV Jagd)

Aufgrund des gesteigerten Gefahrenpotentials bei Gesellschaftsjagden (→ Stichwort 30) wurden hierzu detaillierte Vorgaben in die UVV Jagd aufgenommen, insbesondere:

a. Die Waffe darf erst auf dem Stand geladen werden und ist nach Beendigung des Treibens sofort wieder zu entladen.
b. Nach Einnehmen der Stände haben sich die Schützen mit ihren Nachbarn zu verständigen.
c. Der Stand darf vor Beendigung des Treibens nicht verlassen werden.
d. Ein Durchziehen mit der Schusswaffe durch die Schützen- oder Treiberlinie ist verboten.

e. Mit Büchsen- oder Flintenlaufgeschossen darf nicht in das Treiben hineingeschossen werden.
f. Bei einem Kesseltreiben darf spätestens nach dem Signal „Treiber rein“ nicht mehr in den Kessel geschossen werden.
g. Durchgeh- und Treiberschützen dürfen, außer bei Feldstreifen und Kesseltreiben, nur entladene Schusswaffen mitführen.
h. Alle an der Gesellschaftsjagd unmittelbar Beteiligten müssen sich farblich deutlich von der Umgebung abheben, z. B. durch auffällige Bekleidung oder Bänder in Signalfarbe.

96

Nachsuche

(§ 5 UVV Jagd)

Der Hundeführer ist „Chef“ der Nachsuche und hat Weisungsrecht, falls weitere Personen beteiligt sind. Minderjährige dürfen aus Gefährdungsgründen nicht an der Nachsuche teilnehmen.

97

Hochsitze

(§ 7 UVV Jagd)

Hochsitze sind absturz- und standsicher zu errichten sowie vor jeder Benutzung und mindestens einmal jährlich zu überprüfen. Nicht mehr benötigte Einrichtungen müssen abgebaut werden.

VII. Jedermannsrechte 98–100

Strafgesetzbuch, Ordnungswidrigkeitengesetz, Strafprozessordnung, Bürgerliches Gesetzbuch

98

Notwehr

(§ 32 StGB, § 15 OWiG, § 227 BGB)

Notwehr ist diejenige Verteidigung, die erforderlich ist, um einen gegenwärtigen rechtswidrigen Angriff von sich oder einem anderen (Nothilfe) abzuwehren.
Wer eine Tat begeht, die durch Notwehr geboten ist, handelt nicht rechtswidrig und bleibt damit straflos; darüber hinaus macht er sich auch nicht schadensersatzpflichtig.
Die gebotene Notwehrhandlung ist auch dann rechtmäßig, wenn mit ihr ein Straftatbestand, z. B. die Körperverletzung oder sogar die Tötung des Angreifers, verbunden ist. Auch gegen Angriffe von schuldunfähigen Personen, wie Kindern, ist Notwehr erlaubt. Der Angriff muss von einer Person ausgehen; die Abwehr eines Tierangriffs kann mithin nicht durch Notwehr, aber u. U. durch das Notstandrecht (→ Stichwort 99) gerechtfertigt sein, es sei denn, der Angreifer setzt das Tier, z. B. einen scharfen Hund, als Angriffsmittel ein. Der Angriff muss gegenwärtig sein, d. h. unmittelbar bevorstehen und darf noch nicht vollständig abgeschlossen, fehlgeschlagen oder endgültig aufgegeben sein. Während der Flucht des Täters mit Beute (Wilderer!) ist der Angriff nicht abgeschlossen, sodass Notwehrhandlungen zulässig sind. Die Notwehrhandlung muss erforderlich sein. Dies ist aus der Sicht des Verteidigers zum Zeitpunkt des Angriffs zu beurteilen. Es ist daher ohne Bedeutung, wenn sich eine vom Angreifer geführte und vom Verteidiger als solche eingeschätzte Schusswaffe später als Scheinwaffe herausstellt. Der Verteidiger darf aber immer nur das mildeste Mittel anwenden, das zur vollständigen, endgültigen und effektiven Beendigung des Angriffs erforderlich ist. Zwar ist grundsätzlich keine Abwägung zwischen dem angegriffenen Rechtsgut und der durch die Notwehrhandlung drohenden Rechtsgutverlet-

zung erforderlich (Recht braucht dem Unrecht nicht zu weichen). Bei einem eklatanten Missverhältnis dieser Rechtsgüter und aus ethischen Gründen kann die Verteidigung aber rechtsmissbräuchlich und damit nicht geboten sein, z. B. gegenüber Kindern und Betrunkenen, bei der Abwehr bloßen Unfugs, die nur mit für den Angreifer lebensgefährlichen Mitteln erfolgen könnte, bei Selbstschussanlagen gegen Obstdiebstahl oder bei gezielten Schüssen auf einen Wilderer, der mit geringwertiger Beute flieht. Der Jäger ist daher generell gut beraten, die Abgabe gezielter Schüsse auf die Fälle der Verteidigung von Leib und Leben zu beschränken.
Geht der Verteidiger irrtümlich von einer tatsächlich nicht gegebenen Notwehrlage aus (Putativnotwehr), kommt eine Bestrafung wegen fahrlässiger Begehung der Verteidigungshandlung in Betracht, falls dieser Irrtum für ihn vermeidbar war (z. B. Schuss auf Familienmitglied als vermeintlichem Einbrecher). Überschreitet der Angegriffene aber bei gegebener Notwehrlage die Grenzen der Notwehr aus Verwirrung, Furcht oder Schrecken, so wird er nicht bestraft (Notwehrexzess).

99

Notstand

(§§ 34, 35 StGB, § 16 OWiG, §§ 228, 904 BGB)

Unter den Voraussetzungen des rechtfertigenden Notstandes (§ 34 StGB, § 16 OWiG) bleibt auch ohne Vorliegen einer Notwehrsituation straffrei, wer in einer gegenwärtigen, nicht anders abwendbaren Gefahr für Leben, Leib, Freiheit, Ehre, Eigentum oder ein anderes Rechtsgut eine Tat begeht, um die Gefahr von sich oder einem anderen abzuwenden – wenn bei Abwägung der widerstreitenden Interessen, namentlich der betroffenen Rechtsgüter und des Grades der ihnen drohenden Gefahren, das geschützte Interesse das beeinträchtigte wesentlich überwiegt – wobei die Tat ein angemessenes Mittel sein muss, um die Gefahr abzuwenden.
Liegen bereits die engeren Voraussetzungen der Notwehr vor, scheidet eine Berufung auf das Notstandsrecht aus. Im Gegensatz zur Notwehr, die einen gegenwärtigen Angriff durch eine Person voraussetzt, genügt für die Annahme einer Notstandslage das Vorliegen einer Gefahr, also die Wahrschein-

lichkeit des Eintritts eines schädigenden Ereignisses, für ein Rechtsgut. Die Gefahr kann also insbesondere auch von einer Sache oder einem Tier ausgehen. Darüber hinaus findet, ebenfalls im Gegensatz zur Notwehr, eine Güterabwägung zwischen dem gefährdeten Rechtsgut und der durch die Notstandshandlung drohenden Rechtsgutsverletzung statt. Bei dieser Abwägung steht nicht der materielle Wert der beteiligten Rechtsgüter, sondern die Schutzwürdigkeit in der konkreten Situation im Vordergrund. Greift etwa ein materiell wertvoller Rassehund einen materiell weniger wertvollen Mischling an, kann sich dementsprechend der Eigentümer des Mischlings, der die Gefahr für seinen Hund abwehrt, auf den rechtfertigenden Notstand berufen. Muss zur Gefahrenabwehr das Eigentum eines unbeteiligten Dritten beschädigt werden (z. B. Herausreißen einer Zaunlatte aus einem fremden Zaun zur Abwehr eines angreifenden Hundes), so ist auch diese Sachbeschädigung durch das Notstandsrecht gerechtfertigt, wobei der Eigentümer der beschädigten Sache Schadensersatz verlangen kann. Man spricht in diesen Fällen von einem aggressiven Notstand (§ 904 BGB), während die Verletzung eines Rechtsgutes, von dem die Gefahr ausgeht (z. B. Tötung eines angreifenden Hundes), im defensiven Notstand (§ 228 BGB) erfolgt, der nur bei einem Verschulden des Abwehrers zum Schadensersatz verpflichtet.

Im Falle des entschuldigenden Notstandes (§ 35 StGB) ist auch ohne Vorliegen der Voraussetzungen des rechtfertigenden Notstandes die dann rechtswidrige Tat entschuldigt und damit ebenfalls nicht strafbar – wenn der Abwehrende die Handlung in einer gegenwärtigen, nicht anders abwendbaren Gefahr für Leben, Leib oder Freiheit begeht, um die Gefahr von sich, einem Angehörigen oder einer anderen, ihm nahestehenden Person abzuwehren. Da eine lediglich entschuldigte Tat aber rechtswidrig (zivilrechtlich: Widerrechtlich) bleibt, ist der Abwehrende schadensersatzpflichtig (§ 823 BGB).

100

Vorläufige Festnahme

(§ 127 StPO)

Das sog. „Jedermannsrecht" besagt, dass jeder (nicht nur der durch die Tat Verletzte) das Recht zur vorläufigen Festnahme hat, wenn jemand auf frischer Tat (Straftat, nicht Ordnungswidrigkeit!) betroffen oder verfolgt wird und er der Flucht verdächtig ist oder seine Identität nicht sofort festgestellt werden kann.

Die vorläufige Festnahme ist dem Betroffenen gegenüber auszusprechen.

Fluchtgefahr liegt vor, wenn aufgrund des Verhaltens des Täters vor Ort vernünftigerweise davon auszugehen ist, dass er sich der Strafverfolgung durch Flucht entziehen wird. Auch ohne bestehende Fluchtgefahr besteht das Festnahmerecht, wenn sich die Identität des Täters nicht sofort ermitteln lässt, also dieser entweder Angaben zu seiner Person oder deren Überprüfung durch Vorzeigen aussagekräftiger Ausweispapiere verweigert.

Die Anwendung körperlicher Gewalt ist zur Durchsetzung der Festnahme im erforderlichen Rahmen zulässig (z. B. Fesselung, Polizeigriff etc.), ebenso das Abnehmen von Waffen oder des Autoschlüssels, nicht jedoch eine Durchsuchung des Täters. Das angewandte Mittel darf aber nicht außer Verhältnis zur Bedeutung der Straftat stehen (Verhältnismäßigkeitsgrundsatz). Auch das Stoppen eines Fahrzeuges durch Hindernisse, wenn der Fahrzeugführer beispielsweise auf frischer Tat bei der Wilderei betroffen wird, ist durch das Jedermannsrecht gedeckt. Zwar kann im Einzelfall die Androhung von Schusswaffengebrauch oder sogar ein Warnschuss gerechtfertigt sein, nicht aber schwerwiegende Körperverletzungen oder gar Tötungen, etwa durch gezielte Schüsse auf einen fliehenden Täter, z. B. einen Wilderer. Der Festgenommene ist unverzüglich der Polizei zu übergeben.

Stichwortverzeichnis

Fette Ziffern = Stichworte Magere Ziffern = Seitenzahlen

Bildquellen
Umschlagfoto: Stsvirkun/Shutterstock.com

Die in diesem Buch enthaltenen Empfehlungen und Angaben sind vom Autor mit größter Sorgfalt zusammengestellt und geprüft worden. Eine Garantie für die Richtigkeit der Angaben kann aber nicht gegeben werden. Autor und Verlag übernehmen keine Haftung für Schäden und Unfälle. Bitte setzen Sie bei der Anwendung der in diesem Buch enthaltenen Empfehlungen Ihr persönliches Urteilsvermögen ein.
Der Verlag Eugen Ulmer ist nicht verantwortlich für die Inhalte der im Buch genannten Websites.

Bibliografische Informationen der Deutschen Nationalbibliothek
Die Deutsche Nationalbibliothek verzeichnet diese Publikation in der Deutschen Nationalbiografie; detaillierte bibliografische Daten sind im Internet über http://dnb.d-nb.de abrufbar.

Wollgrasweg 41, 70599 Stuttgart (Hohenheim)
E-Mail: info@ulmer.de
Internet: www.ulmer.de
Projektleitung: Pia Fehrenbach
Lektorat: Anja Flehmig
Herstellung: Jürgen Sprenzel
Umschlaggestaltung: Verlag Eugen Ulmer
Satz: primustype Hurler GmbH, Notzingen
Druck und Bindung: Pustet, Regensburg
Printed in Germany

ISBN 978-3-8186-1317-4

Hier können Sie weiterlesen

Wildtierkunde in Stichworten.

Lernhilfe für die Jägerprüfung.

Jürgen Schulte.

3., aktualisierte Auflage 2019.

104 Seiten, 17 sw-Zeichnungen,

6 Tabellen, kart.

ISBN 978-3-8186-0723-4.

Ein Verständnis für die Tiere zu entwickeln, ist im Interesse jedes Jägers. In diesem Buch finden Sie schnell und kompakt alle Informationen zu Haarwild und Federwild. Der Band bietet das Wesentliche zum Prüfungsfach Wildtierkunde. Die ideale Lernhilfe mit allen prüfungsrelevanten Inhalten, kompakt aufbereitet für Jäger in der Ausbildung und kurz vor der Prüfung.

Erfolgreiche Jägerausbildung

Der Jäger.
Lehrbuch für die Jägerprüfung.
Jürgen Schulte.
5., akt. und erw. Auflage 2014.
648 Seiten, 387 Farbfotos,
169 Farbzeichnungen, 217 sw-Fotos
und -zeichnungen, 33 Tabellen,
geb. ISBN 978-3-8001-8347-0.

Dieses Buch dient als umfassende Grundlage für das erfolgreiche Bestehen der anspruchsvollen Jägerprüfung. Alle in der Ausbildung und in der Praxis vorkommenden Fragen werden ausführlich erörtert und beantwortet. Für den angehenden und praktischen Jäger gibt „Der Jäger" Hilfestellungen in allen wichtigen Bereichen: Wildtierkunde, Jagdbetrieb und Behandlung erlegten Wildes, Jagdhundewesen, Jagdwaffenkunde, Wald- und Landbau, Ökologie und Naturschutz, Jagdrecht und verwandtes Recht, Prüfungsreviergang.

Allein unter Wildschweinen

Schwarzwild-Report.

Mein Leben unter Wildschweinen.

Heinz Meynhardt.

9. Auflage 2013.

224 Seiten, 88 Abbildungen, geb.

ISBN 978-3-8001-7988-6.

Nur wenigen Zoologen gelingt es, in die Rudel, Horden oder Familienverbände von sozial lebenden Wildtieren aufgenommen zu werden. Über Futtergaben konnte Heinz Meynhardt in den 1970er Jahren zu einer freilebenden Schwarzwildrotte einen Sozialkontakt herstellen. Er wurde als gleichberechtigtes Mitglied in diese Sauenrotte aufgenommen. In diesem Buch berichtet er in spannender, humorvoller und sachkundiger Art und Weise von den Erlebnissen mit seinen Schweinen und über seine jahrzehntelange Forschungsarbeit an dieser Wildart. Er vermittelt Naturfreunden, Biologen und Jägern tieferes Verständnis für die oft verkannten Schwarzkittel.

Umgang mit Wildschäden

Wildschäden.

In der Landwirtschaft.

Roland Vollmer. 2017.

136 Seiten, 38 Farbfotos, 7 Zeichnungen, 16 Ablaufschemata, 4 Tabellen, kart.

ISBN 978-3-8001-0333-1.

Schalenwild, Wildkaninchen und Fasane können in landwirtschaftlichen Kulturen und in Weinbergen großen Schaden anrichten. Wildschäden bedeuten für Landwirte und Winzer Ertragsverluste. Erfahren Sie, wie Sie im Schadensfall zu Ihrem Recht kommen. Wie sind Wildschäden im Jagdgesetz definiert? Verschaffen Sie sich mit diesem Buch Einblicke in die Rechtslage und lernen Sie, wie Wildschäden bewertet werden, dann können Sie abschätzen, ob sich ein Schadensverfahren für Sie lohnt.